FOR$_2$

FOR pleasure　FOR life

現代佛法十人——十

洪啟嵩
黃啟霖
主編

慈航

臺灣佛教的先驅

目錄

佛法與世法

法義述略

出版者序——一個讀者的觀點

郝明義

一

今天在臺灣，佛教是很普及的信仰。無論顯密，各門宗派，都有信眾扶持；四大山門固然如此，其他亦然。並且，即使不是佛教徒，許多人也都願意在日常生活裡親近佛法、佛經，譬如手抄《心經》。

上個世紀末，兩岸開始來往，許多對岸來訪者讚嘆中華文化的傳承在臺灣，其中也包括了佛教文化。所以，我們很容易以為從兩千五百年前釋迦牟尼說法，到一千四百年前達摩東來，再到一九四九年之後佛教在臺灣如此興盛，是一條自然的傳承之路。

事實則不然。

佛教在中國，到唐朝發展到高峰，有多種原因。一來是當政者的支持，二來有雄厚的國力，三來有出類拔萃的修行者。三者聚合，氣象萬千。

但，佛教也在唐朝經歷了滅佛的大落。其後歷代，再難有唐朝的因緣際會，也就逐漸只知固守傳統，難有可比擬的開放與創新精神進入清朝，佛教的萎靡與俗化，日漸嚴重；到了太平天國席捲半壁江山，對佛教造成進一步嚴重破壞。所以，到了清末民初之際，佛教在翻天覆地的中國已經只能在世俗化中苟延殘喘，甚至頹廢。

民初的武俠小說，寫到廟庵、僧尼，常出現一些藏污納垢的場面，可以讓人有所體會。

五四運動前後，隨著全盤西化的呼聲高漲，佛教更淪為時代應該淘汰的腐朽象徵；寺產也成為各方或是覬覦侵奪、或是倡議充公興學的對象。在大時代的海嘯中，佛教幾近沒頂。

但也就在那風暴中，有些光影出現。

開始的時候，光影是丁點的，微弱的，分散的。

逐漸，光亮起來。

於是我們看到一些人物登場。

他們各有人生路途上的局限和困頓，但卻以不止歇的修行，一步步清澈自己對佛法的體認。

有人家世良好，大可走上官宦之途，卻淡泊名利，刻經講經，點燃照亮佛法的火種。

有人看盡繁華紅塵，走上自律苦行之路，成為他人仰之彌高的人格典範。

有人歷經窮困和親人死別的痛苦，在悲憤中註釋佛經，淬鍊出一家之言。

有人學歷僅至小學三年級，卻能成為「當代玄奘」。

有人穩固佛法的傳統和價值。

有人努力在現代語境和情境中詮釋修持佛法的意義和方法。

他們成長的背景不一，年齡有別，途徑有異，但他們燃燒推廣佛法的熱情如一。

在漆黑如墨的黑暗中，他們更新了過去數百年佛法一路萎靡不振的軌跡。

在狂風暴雨中，他們發出了震動大地的獅子吼。

是他們播下了種子，使佛法在接下來的戰亂年代得以繼續一路延伸支脈——直到一九四九年後來臺灣，也向亞洲以及世界開花散葉。

他們是現代佛法十人。

二

我是在一九八九年第一次看到有關這十個人的一套書。

當時，我剛接觸佛法，十個名字裡，只認識「弘一」和「虛雲」。其餘的楊仁山、太虛、歐陽竟無、印光、圓瑛、呂澂、法尊、慈航，都很陌生。

在那個對佛法的認識十分懵懂的階段，我打算先從認識的兩位開始，逐年讀一本書，認識這些人。

但時間過去了三十年，直到二〇一九年，我都只讀到第三本，認識到第三個人「太虛」而已。一方面是懶惰，總有藉口不讀；另一方面，也是因為光前三本書已經讓我覺得受用不盡。

開始的時候，我讀弘一大師和虛雲大師的書比較多。

讀弘一大師，是因為多少知道他的生平，因此對照著他紅塵繁華的前半生，讀他後半生清明如水的修行心得，當真是可以體會何謂雋永。經常一、兩句話，就能銘記在心。

讀虛雲大師，主要收穫在他的禪七開示。那真是深刻的武林祕笈，能把說起來很簡單、做起來很奧祕的心法講得那麼透徹，就算只能在門外徘徊，都覺得受益匪淺。

虛雲大師一生波瀾起伏，尤其文革時歷經紅衛兵的折磨，還能以一百二十歲圓寂，實在是傳奇。

而對第三位太虛大師，我的認識就沒那麼多。

儘管讀他的書，多年來卻一直只停留在書裡一小篇文章上。那篇文章叫〈佛陀學綱〉，是他在民國十七年一場演講內容所整理出來的，全部也不過十九頁，只占全書很小的比例。但這一小篇文章，多年來我反覆閱讀，總會得到新的提醒和啟示，又總會有新的疑問與要探究之處。

〈佛陀學綱〉，從文章標題就知道，作者要談的是每一個人如何通過學習而覺悟，向佛陀看齊的綱領。

人人皆有佛性，也就是人人皆可通過學習而讓自己的生命層次向佛陀看齊。但是太多人只想膜拜自己的上師，卻完全不敢想像自己也可能開發出有如佛陀的覺性。太虛大師講〈佛陀學綱〉，正是要提醒我們學佛的唯一目的，也解釋他所看到的途徑。

當然，多少世代的高僧大德都在做同樣的事情、多少經典在指引的都是同樣的事情，但是大約一百年前太虛大師講〈佛陀學綱〉，有格外特別之處。

《二〇〇一太空漫遊》（*2001: A Space Odyssey*）作者亞瑟·克拉克（Arthur C. Clark）說過：科幻小說的時空背景不能寫得太近，以免很快過時；但也不能太遠，以免無感。我覺得討論學佛的文章也有類似的課題：不能太通俗，以免只是對善男信女的心理勵志、道德勸化；也不能太高深，以免令人望之卻步。

〈佛陀學綱〉無論談的內容還是用的文字、抑或是概念或方法，都正好不近不遠。

我很滿足，也很忙碌，所以就停留在第三本書的這一篇文章上，一直沒有再看書裡的其他部分，當然也就更沒有動機想要再看其餘的書。

直到二〇二〇年秋天。

三

COVID-19疫情橫掃全球，改變了每一個人的生活。

無常，成了新的常態。

社會上各個領域都在面對工作方式、生活方式的顛覆；過去穩定可靠的資源、經驗、能力，成為泡影。

我們置身一個黑暗又混亂的時代。

我相信，當外界的一切都不足恃，甚至成為干擾來源的時候，每個人都需要喚醒自己內在的覺性。

而說到覺性，當然也莫過於佛法說明的透徹。

因此我重讀〈佛陀學綱〉。也因為疫情的影響，包括差旅減免而多出時間，這麼多年來，我第一次把太虛大師那本書的其他部分也讀了。

很震撼。

震撼於太虛在書裡其他文章敘述他個人修行之路的關鍵突破時刻、他對推廣佛法種種視野與擘畫的光芒，也震撼於我自己怎麼枉守著如此寶藏三十年卻目光如豆。

我也想到：連第三本書都如此了，那其他的七本書呢？我早該認識的其他七個人呢？

同樣是克拉克在他那本小說裡說的一句話：「他們身處豐饒之中，卻逐漸飢餓至死，」說的真是我。

接下來的時間，我一方面急著狼吞虎嚥這套書，一方面也決定趕快和原編者討論，看如何把這套早已絕版的書重新出版。

四

《現代佛法十人》是洪啟嵩和黃啟霖兩位編者在一九八七年出版的書，原始書名是「當代中國佛教大師文集」。

去年讀這個系列，瀏覽十個人的身影，他們雖然都是對佛法有堅定不移的信念，但因為各自成長背景不同、行動的途徑也不同，著真在大時代裡形成了雄偉的交響樂，也各自展現了不同的力量。

楊仁山，出身於官宦世家，科舉功名就在手邊的人，卻因為偶遇一部《大乘起信論》走上終身護持、推廣佛法的路。他沒有出家，卻以自己的人脈和資源，在國內融會譚嗣同、章太炎等一時之選的學者參與佛法討論；在國際進行佛經的交換出版，以及佛教文化的國際交流。

他的「祇洹精舍」雖然只辦了短短兩年時間，就學的人數也只有僧俗十來人而已，但其中太虛和歐陽竟無兩位，分別為清末民初的出家學僧和在家佛教學者打開了新路，對接下來佛教的發展有決定性的影響。

在最深的黑暗中，最小的光亮最燦爛。楊仁山讓我見識到什麼是星星之火的力量。

太虛大師，小楊仁山大約五十歲。

他的家庭背景和成長之路，和楊仁山完全不同。自幼父親去世，母親改嫁，和外祖母一起生活長大，後來去百貨行當學徒。

太虛在十六歲出家。但出家的源起，並不是因為對佛法的渴望，而是因為當學徒的時候看了許多章回小說，仙佛不分，想要求神通。

幸好出家後得有親近善知識的機緣，走上真正佛法修行之路，終於在有一天閱讀《大般若經》的過程中，大徹大悟。

而太虛難得的是，有了這樣的開悟，他本可以從此走上「超俗入真」之路，但他卻反向而行，「迴真向俗」，要以佛學救世，並且實踐他「中國佛教亦須經過革命」的宏願。

他接續楊仁山辦祇洹精舍的風氣，持續佛學研究；創辦武昌佛學院，帶動佛教舉辦僧學的風氣；創立「世界佛教聯合會」，首開佛僧去歐美弘法的紀錄。

太虛有許多弟子，法尊、慈航都是。印順法師也是。

太虛大師讓我看到：一個已經度過生死之河的人，重新回到水裡，力挽狂瀾的力量。

歐陽竟無，比太虛大師略為年長，大十八歲。

他也是幼年喪父，家境清寒。但他幸運的是有一位叔父引領他求學，博覽經史子集，旁及天文數學。

清廷甲午戰敗後，歐陽竟無在朋友的引介下，研讀《大乘起信論》、《楞嚴經》，步入佛學，從此決心以佛法來救治社會。

他一生孤苦，接連遭逢母、姊、子、女等親人死別之痛，因而自述「悲而後有學，憤而後有學，無可奈何而後有學，救亡圖存而後有學」。

歐陽竟無因為在祇洹精舍就學過，楊仁山去世時，把金陵刻經處的編校工作咐囑於他。後來國民革命軍攻南京，歐陽竟無在危城中艱苦守護經坊四十天，使經版一無損失。

歐陽竟無不只奔走各方募資刻印經書，也在蔡元培、梁啟超、章太炎等人協助下成立支那內學院，與太虛大師所辦的武昌佛學院齊名，對近代中國佛教有著重大的影響。

歐陽竟無最讓我嚮往的，是梁啟超聽他講唯識學的評語：「聽歐陽竟無講唯識，始知有真佛學。」

後文將提到的呂澂，是歐陽竟無的傳人。

歐陽竟無，讓我看到一個人力撐巨石，卻仍然手不釋卷的豪氣。

虛雲大師的一生都是傳奇。

早年家裡一直阻撓他出家，他逃家兩次，到十九歲終於落髮為僧，進入山裡苦行十四年。接著他遇見善知識，指點他苦行近於外道，這才走上真正依據佛法修行之路。

他參訪各地，不只行遍中國，進入西藏，還翻越喜馬拉雅山，到不丹、印度、斯里蘭卡、緬甸等地。

五十六歲那一年，虛雲要去揚州高旻寺參與打十二個禪七的職事，途中不慎落入長江，差點送命，結果傷後無法擔任職事，只能參加禪七。

但也在這次禪七中，虛雲徹悟，出家三十七年後，終於明心見性。他悟後作偈：「燙著手，打碎杯，家破人亡語難開。春到花香處處秀，山河大地是如來。」從此他的修行又是另一番境界。

太虛著眼推動的是整體僧伽制度的革新，而虛雲則是聚焦在自己親自住持的寺廟進行該有的重建和整頓，掃除當時寺廟迎合世俗的陋習，同時進行傳戒、參禪、講經，以正統佛法來培養弟子。

而虛雲最特別的是：他一人兼了禪宗五門法脈，所以是不折不扣的禪宗大師。

讀虛雲大師談參禪的文字，他簡潔有力的言語躍然紙上，完全可以體會何謂「當頭棒喝」。虛雲大師還有個傳奇，就是他到一百二十歲才圓寂。這還包括他在文革時曾經遭受紅衛兵四次毒打的經過。

虛雲大師展現的是一種在八方風雨中，衣帶不沾漬污的功力。

弘一大師生於一八八〇年。他的生平，大家耳熟能詳。

他前半生的風花雪月，造成他出家後對自己修行的要求也異於一般。他出家之後，「不收徒眾，不作住持，不登高座」，並且總是芒鞋破衲，飲食、起居上也是極其刻苦。中文「嚴以律己」，用在弘一身上是最好的例子。

出家人本來毋須用「風骨」來形容，但是看豐子愷等人和弘一大師的來往，看他孑然獨行的身影，總不能不想到這兩個字。

偏偏這位看來行事最不近人情的弘一大師，我相信應該也是現代佛法十人裡最為人熟知的一位。因為他廣結善緣，為人書寫偈語、對聯。

弘一在出家後，本來準備拋棄一切文藝舊業，但接受了書寫佛語來為求字人種下淨因的建議，重新提筆，也因而有了自己弘法的無上利器。

今天中文世界裡的人，無論是否學佛，總難免接觸、看過弘一大師留下或者與佛法直接相關，或者間接有關的偈語、對聯。

我自己每隔幾年就會看到他寫的一句話要，背誦一陣。像最近，就是他的「一生求佛智，精進無異念」。太虛大師對弘一大師的讚嘆是：「以教印心，以律嚴身，內外清淨，菩提之因。」

弘一大師有律宗第十一代世祖之美譽。

我看他的身影，像是單衣走在冷冽的風雪中，手中卻提了一個始終要給人引路的燈籠。

弘一大師獨來獨往，卻說有一個佩服的人，甚至親自寫信給他，說「願廁弟子之列」。

這人就是**印光大師**。

印光生於一八六一年，早年也有兩次逃家出家的紀錄；但和弘一不同的是，印光有淨土宗第十三代祖師之稱。

和弘一相同的是，印光也不喜攀緣結交，不求名聞利養，始終韜光養晦，並且一生沒為人剃度出家，也沒有名定的弟子傳人。

印光大師相信念佛往生淨土法門，是「一法圓賅萬行，普攝群機」，所以一生專志念佛法門，開示常說的話就是「但將一個死字，貼到額頭上，掛到眉毛上」。

但這麼一個但求與世遠離，把修行純粹到極點的人，卻並不是與世隔絕。

一九二三年，江蘇省提出要以寺廟興學的政策，當時六十多歲的印光大師就為了保教護寺，不遺餘力地奔走呼籲，扭轉危機。

並且，他一生省吃儉用，信眾給他的奉養，全都用來賑濟飢民，或印製佛書流通。

印光大師八十歲圓寂之時，實證「念佛見佛，決定生西」。

印光大師顯示的是精誠所至，開山鑿石的力量。

圓瑛大師生於一八七八年，略長於太虛。

圓瑛和太虛曾經惺惺相惜，義結金蘭。兩人雖然都有志於對當時的佛教進行改革，可後來步伐不同。太虛主張銳進改革，而圓瑛則主張緩和革新。

不過這絕不是說圓瑛的行動比較少。

民國建立後，兩次所謂「廟產興學」的風波，都因為圓瑛在其中扮演關鍵性角色而度過危機。

一九二〇年代，圓瑛就到東南亞各國弘法，還曾來過臺灣。

一九三〇年代，對日抗戰期間，圓瑛擔任中國佛教會災區救護團團長，組織僧侶救護隊，輾轉於各地工作，也再赴東南亞各國募款以助抗日，回上海後還一度被日本憲兵隊逮捕。

圓瑛大師博覽群經，禪淨雙修，沒有門戶之見，自稱「初學禪宗，後則兼修淨土，深知禪淨同功」，尤其對《楞嚴經》的修證與講解有獨到之處，有近代僧眾講《楞嚴經》第一人之稱。

圓瑛大師顯示的是穩定前行，無所動搖的力量。

呂澂生於一八九六年，是歐陽竟無的弟子。

一九一一年，當歐陽竟無擔任金陵刻經處編校出版工作時，當時就讀南京民國大學經濟系的呂澂常去購買佛書，因而結緣。後來呂澂退學之後，一度去歐陽竟無開設的研究部研讀佛法，再去日本短暫研讀美學後，回國擔任教職。

一九一八年，呂澂受歐陽竟無之邀，協助創辦支那內學院，從此遠離世俗，專心於佛學研究與教學。到支那內學院正式創立，歐陽竟無擔任校長，呂澂擔任學務主任，與當時太虛大師所創辦的武昌佛學院，形成為兩大佛教教育中心。

歐陽竟無對楊仁山執弟子之禮，呂澂又是歐陽竟無的弟子，三代薪火相傳，不只是佳話，也是時代明炬。

呂澂從此一直陪伴歐陽竟無，除了度過北伐軍占領內學院的危機，抗戰時期還把內學院藏書與資料遷移到四川。歐陽竟無去世後，呂澂繼任院長。直到中共取得政權後，一九五二年內學院才走入歷史。

呂澂智慧過人。他自修精通英、日、法、梵、藏、巴利語，研究佛學的視野寬廣，當時無人能及。也因此，呂澂的譯著和著作俱豐；不但能寫作入門書籍，也能有深入研究的專門論述，解決許多佛教遺留的歷史問題。

因為呂澂字「秋子」，歐陽竟無也稱他為「鶖子」。「鶖子」是釋迦牟尼佛十大弟子中智慧第一的舍利弗的華文譯名。

呂澂讓人看到燦爛奪目的火炬之美，與力量。

法尊法師生於一九〇二年。

法尊留給後人的也是驚異與讚嘆。

他本來只有小學三年級的學歷，出家後成為太虛大師創辦的武昌佛學院第一期學僧，之後他不畏艱險去西藏留學十二年，讓自己的藏文造詣登峰造極，經論也通達顯密，因而有「當代玄奘」之譽。

法尊法師對漢藏文化交流的貢獻，不是單向的。他不只是從藏文翻譯了重要譯作如《菩提道次第廣論》、《密宗道次第廣論》、《宗喀巴大師傳》等書，尤其值得一提的是他花了四年時間，把兩百卷的《大毘婆沙論》從漢文譯為藏文。

雖然他原訂要再譯為藏文的一百卷《大智度論》並沒有進行，但光是把《大毘婆沙論》從漢文譯為藏文已經是不滅的事蹟。

法尊法師讓人看到像是一個人在巨大的冰山前，融冰為水的力量。

慈航法師生於一八九五年，也是太虛大師的門下。

他家境貧寒，父母早逝，跟人學習縫紉，因為常去寺院縫僧衣，羨慕出家人，因此起了出家的念頭。

但因為他沒讀過什麼書，所以出家十多年，還沒法讀懂佛經。後來，他發憤苦讀唐大圓編撰之《唯識講義》，自修多年終於精通唯識。

之後，慈航法師跟隨太虛大師至各處弘法，從中國而南洋各地。尤其一九三九年之行，太虛大師返國後，慈航法師繼續在南洋弘法十多年，所到之處，皆倡議創辦佛學院、佛學會。

一九四七年太虛大師圓寂後，慈航法師用「以佛心為己心，以師志為己志」來表達他對太虛大師「人間佛教」的追隨及實踐。

到一九四八年，慈航則決定來臺灣開辦佛學院，是當時來臺灣傳法的先行者。在那個年代，這條路當然有風險。因為從大陸來投靠慈航法師的學僧多起來，他一度被舉報匪諜而被捕。

慈航法師出獄後繼續在臺北日夜開講不同的佛經，感動多方發心捐助成立彌勒內院，禮請慈航法師主持，而終於使他和大陸來臺學僧都得到安頓。

慈航法師講學內容包括《楞嚴經》、《法華經》、《華嚴經》、《成唯識論》及《大乘起信論》等諸經論，使得彌勒內院成為一時最具影響力的佛學教育中心。

一九五四年，慈航法師於關房中安詳圓寂。他示寂前要求以坐缸安葬，五年後開缸。而五年後大眾遵囑開缸，見其全身完好，成就肉身菩薩。

慈航法師讓人見識到水滴成流，匯流出海的力量。

五

感謝洪啟嵩和黃啟霖兩位佛弟子在當年就有識見與能力，收納、編輯了這十個佛教關鍵人物的文集。

三十年來我以讀者身分受益，今天很榮幸有機會以出版者身分為大家介紹《現代佛法十人》。

希望大家也都能找到屬於自己的啟發。

《現代佛法十人》編者新序

洪啟嵩

一切故事，開始於兩千五百年前，佛陀在菩提樹下的悟道。

佛法是什麼？佛法即是緣起法，這是佛陀在菩提樹下，所悟的真諦實相，淨觀法界如幻現空，行於世間而無所執著，即是中道。

佛法是法界實相，非三世諸佛所有，佛法超越一切又入於一切。正因為佛法的空性、無執，使其在傳播的過程中，柔軟地和不同時空因緣結合，呈現出豐富多元的覺性風貌。

佛陀對一切文字平等對待，鼓勵以方言傳法，歡喜大家使用各自的語言情境習法。如《五分律》中說：「聽隨國音讀誦，但不得違失佛意。」

因此，讓諸方文字的特性，成為覺的力量，以「文字般若」導引「觀照般若」而成就「實相般若」，才是佛陀的原意。對於佛陀而言，能開悟眾生的就是佛陀的語言。在漢傳佛教浩瀚廣博的經藏法要中，我們看到這個精神的具體實踐。

而其中所謂成為「文字般若」的語言，必須具有三種特性：一、準確性，能傳持佛法依準其意而不失。二、鏡透性：能鏡透佛法體性，將其實相內義清明鏡透。三、覺動性：精準其語，鏡透於義，並能成為驅動眾生自覺自悟的力量。

漢傳佛教中，對這樣的「文字般若」特性，一直保持著良好傳承。這可以從三個面向來談：

一、漢傳佛教擁有最悠遠長久而無中斷的傳承。

相對於中國佛教，印度佛教的傳承是最原始的，但可惜在一二〇三年傳承中斷了。而斯里蘭卡從阿育王子摩哂陀於西元前二四七年，將佛法傳入之後，雖然也有很長的歷史，但可惜於十六世紀受到葡萄牙、荷蘭等殖民而中斷過。而漢傳佛教是長遠不斷並且對於教法能清楚明記。

二、漢傳佛教擁有世界佛教教法的總集，有著最完整的般若文本。

如大乘佛教中，龍樹菩薩最重要修法傳承的《大智度論》百卷及部派佛教中說一切有部最完整重要的論本《大毘婆沙論》兩百卷，梵本皆已佚失，只剩下漢文傳本。而漢傳佛教擁有各部派與大乘佛教的最完整文本。

三、漢傳佛教擁有佛法開悟創新的活泉。

唐代對佛法的會悟闡新，可視為漢傳佛教開悟創新活泉的代表。如六祖慧能所開啟的南宗傳承，直到當代世界依然傳持不斷，前期如有世界禪者之稱的鈴木大拙，及近期的越南一行禪師，皆出於南宗臨濟禪門，在世界上有其強大的影響。而在《現代佛法十人》系列的大師們，更讓世人明見，在清末民初全球動盪的大時代，為了紹承佛法，守護眾生慧命，摩頂放踵、為法忘軀的大師身影。

＊

佛教自宋、元、明、清以來，成長已成停滯，甚至每況愈下；尤其明、清以降，只知固守傳統，失去了佛法的開創精神，日益衰微。到了咸豐初年到同治年間更受到太平天國的致命打擊，幾至滅亡。因為太平天國諸王雖不精純於基督教的純正信仰，卻能在「消滅異端」上發起絕然的聖戰。太平天國攻克六百餘座城市，勢力遍及十八省，這些以中國東南一帶為主的地區，原是清朝佛教的精華區域，結果卻在奄奄一息中又受到了致命的打擊。

如此來到清末的大變局，佛教相當於遭逢大時代的海嘯，不只無法適應，更幾至崩解。

就外部而言，在時代環境求新求變的要求下，佛教淪為老舊的象徵；而匹夫無罪懷璧其罪，歷代累積而來的龐大寺產，也成為社會覬覦、侵奪的對象。因此自清末以來廢教之議屢見呼籲；而「廟產興學」，也在清末、民初成為政府與民間名流所流行的口號。此時的寺院不僅傳教無力，甚至連生存都成了問題。

就內部而言，佛教秉持著歷來的殘習，失去了佛法的內在精神與緣起妙義的殊勝動能，只知抱殘守缺，但以儀式為師。明、清以來，佛教的頹敗、陳腐與俗化，以及對時勢潮流與大眾需求的蒙昧，此時更達到極點。然而，也就在這種波瀾壯闊、風雲萬端的時代裡，漢傳佛教出現了一些偉大的英雄人物。他們認知到佛教必須另開新局，力挽狂瀾。

偉大的宗教心靈是社會的最後良心，也是生命意義的最終指歸。

因此在一九八七年，我和黃啟霖第一次編纂這套書的時候，首先是因為站在那個時刻反省佛教和當代文明的互動時，回首上世紀初那些人物曾經走過的路程，對他們示現的氣魄與承擔，深有所感。

所以我們選擇了十位對當代佛教影響深遠的大師文集，編輯出版，呈現出他們在風雨飄搖的時代，波瀾壯闊的風範；也因而可以讓後世的佛教徒認知他們做過的努力，進而呼應他們的召喚，為佛法傳播的歷史進程盡一份心力，幫助一切生命圓滿覺悟。

這就是我們編纂《現代佛法十人》這套書的根本動機。

*

在本系列中，我們選取了楊仁山、太虛、歐陽竟無、虛雲、弘一、印光、圓瑛、呂澂、法尊、慈航等十位大師，作為指標人物。

這十位大師各有其重要的貢獻及代表性。

一、楊仁山：被譽為「現代中國佛教之父」，開創了當代佛教研究新紀元的劃時代大師。

二、太虛：提倡人生佛教，發揚菩薩精神，開創佛教思想新境界，允為當代最偉大的佛教大師。

三、歐陽竟無：窮真究極，悲心澈髓，弘揚闡述玄奘系唯識學，復興佛教文化不世出的大師。

四、虛雲：修持功深，肩挑中國佛教四眾安危，不畏生死，具足祖師德範，民國以來最偉大的禪門大師。

五、弘一：天才橫溢，出格奇才，終而安於平淡，興復律宗，民國以來最偉大的律宗大師。

六、印光：孤高梗介，萬眾信仰，常將死字掛心頭，淨土宗的一代祖師。

七、圓瑛：宗教兼通，保寺護教，勞苦功高傳統佛教的一代領袖。

八、呂澂：承繼歐陽唯識，自修精通英、日、法、梵、藏語，民國以來佛學學力無出其右的大師。

九、法尊：溝通漢藏文化，開創中國佛教研究新眼界的一代佛學大師。

十、慈航：以師（太虛）志為己志，修持立學，開創臺灣佛教新紀元的大師。

十人中以楊仁山為首，是因為在傳承上，民國以來的佛教界，有兩大系最受到海內外的重視，也發生最大的影響。

其一是以太虛為中心的出家學僧，法尊、慈航都是太虛的弟子。
其二是以歐陽竟無為中心的在家佛教學者，呂澂是歐陽竟無的弟子。
而太虛與歐陽竟無皆同從學於楊仁山的金陵祇洹精舍，也可說同出一系。所以對近代中國佛教深有研究的美國學者唯慈（Holmes Welch），稱楊仁山為「現代中國佛教之父」。
而虛雲、弘一、印光與太虛同稱民初四大師；圓瑛長於太虛，並曾相與結為兄弟，雖然其後見解各異，圓瑛仍為傳統佛教的一代領袖。
這樣就可以理解這十位大師在漢傳佛教歷史上的重要地位。
如果再延伸來到臺灣的法脈，他們的影響力就更清楚了：
聖嚴法師系出東初禪師，而東初是太虛的弟子。
星雲法師曾就讀於焦山佛學院，當時學院的院長是東初禪師。
證嚴法師系出印順長老，而印順是太虛的弟子，並受戒於圓瑛法師。
惟覺法師系出靈源長老，而靈源是虛雲大師的弟子。

*

一九八七年編輯這套書的構想，到今天我們依舊感受鮮明。
臺灣佛教承受民初這些大師的因緣，有了極大的發展，在世化的推廣上，也十分蓬勃。但是當前人類和地球都面臨嚴酷的生存課題，太空世紀也即將開啟新的挑戰，所以我們深信唯有佛法能為這些課題和挑戰開啟新的覺性之路，也深信今天的佛教徒要在內義與實證上都開創出更新的格局。

也正因為漢傳佛教特有的歷史傳承，站到這個新的時代關鍵點上，所以在此刻回顧這十位大師的精神和走過的路，格外有意義。

我們一方面向這些大師所做的傳承致敬，也祈求透過閱讀他們的文字與心得，能讓自己從佛法中悟入更高遠的修證，能在人類、地球、未來最關鍵的時刻裡，找到可以指引新路的光明，也是新的覺性文明！

在此特別感謝郝明義先生，在其倡議下，重新出版這套《現代佛法十人》文集，承繼與呼應新時代的佛法精神。新版的《現代佛法十人》，加入大師們的生平簡傳，並在每篇文章、書信都註明原始出處，並統一重新設計、排版、標點。

《現代佛法十人》的出版，除了向十位大師致敬，也希望這套書能成為現代人覺性修行之路的新起點。

漢傳佛教在臺灣的承起者——慈航法師

以師（太虛）志為己志，修持立學，開創臺灣佛教新紀元的大師

慈航法師生於一八九五年，福建建寧人，俗家姓氏為艾，名字繼榮，字號彥才，出身書香門第，然到他這代明顯已家道中落。他的父親是國子監生，以私塾為生，啟蒙為業。

慈航法師六歲受學啟蒙，在七年的學習生涯中，遇母親離世、弟弟夭折等不幸，蒙受打擊又家境艱辛而輟學，為補家用跟人學習裁縫，不幸十七歲時父親也逝世，從此孤獨一人。

慈航法師曾自言：「我因家庭不幸，讀書過少，故出家十餘年，猶不能看懂佛經。在家時，只讀《三字經》《六言雜字》、《論語》未終卷。因家境不良，讀一日間一日，父母早逝，一切無人照顧，衣食均須自謀。……年十三，從人習縫紉，因常於寺院中縫僧衣，羡慕出家者之清高偉大，自己既孑然無所依罣，因此引起出家之念。」

十七歲的慈航，早有慕出家之情，所以等父親去世後即剃度出家，隔年，慈航於九江能仁寺求受具戒。之後走江湖遍禮諸山名宿，遊方參學，遊歷九華山，隨眾安住常州崇法寺、天寧寺、蘇州戒幢寺及天台山觀宗寺。安單南京香林寺數年，後至揚州高旻寺參禪並領寺職作務，於普照庵與蕪湖兩處聽《法華經》，又於南京正覺寺首次閉關修行，亦曾聽聞經教於天台宗諦

閉法師，學禪於圓瑛法師後嗣其法脈，學淨土於度厄老和尚。

慈航法師十九至三十二歲足跡遍及大江南北，掛錫諸山名剎參學名宿高僧，見盡風彩而造成豁達氣度與寬闊胸懷。

慈航法師雖四處參學，但自身學識不足，於經教不能解讀，又逢太虛大師在廈門南普陀寺主持閩南佛學院，於是以旁聽身分就讀，然因國語文之能力有限，曾被大醒法師見責：「看汝外表甚魁偉，像個人，年齡亦已卅餘歲，為何文字一竅不通耶？」然因緣不順，在佛學院就讀三個月就因事離開，之後被安慶迎江寺請任住持，法師感住持需紹弘佛法，而自身猶不能通達經論，於是發憤苦讀唐大圓編撰之《唯識講義》，並隨身攜帶，一有空檔即閱讀、思考、揣摩，自修多年終於精通唯識。

法師住持迎江寺時，設立義務夜校一所及僧伽訓練班，從於慈善教育與培育僧才，並請道源法師協助教務，後因迎江寺遭祝融之災而辭去住持之職。後隨太虛大師至香港弘法，結束後即赴南洋弘法，至緬甸仰光龍華寺任講師，一面弘法布教，一面閱讀經藏。法師說法善巧能隨機施教，獲得緬甸僑胞的皈依與護持，隨後於佛誕日在仰光創辦「中國佛學會」，會中定期舉辦演講，訓練佛學會居士們輪流講演，後由佛學會編輯成《仰光中國佛學會通俗演講錄》刊行於世。兩年後再創「中國佛學青年會」以接引青年學佛之所，如是開啟法師海外弘法的因緣。

之後再從香港返回國門，經廣東、上海，沿長江上行，經歷無錫、常州、南京、九江、武漢等地，所到之處，或開示教化、或演講弘法，循循善誘緇素大眾。隨後再回緬甸仰光，並弘法於新加坡與馬來西亞等地方。

一九三九年冬隨太虛大師所領導的「中國佛教國際訪問團」，代表政府訪問南洋各佛教國家，至緬甸、印度、錫蘭、新加坡、吉隆坡等地，先後成立中緬、中印、中錫等文化協會，交流成功圓滿後，法師未隨太虛大師返國，仍留在星馬等地弘法十餘年。

在星馬等國弘法時，往返各地講經說法，深受當地華僑之信仰尊崇，也先後創辦星州菩提學院、檳城菩提學院，並於星洲、雪洲、怡保、吉隆坡、馬六甲、檳城等地成立佛學會，並創「佛教人間月刊社」，發行《人間月刊雜誌》。其透過文化、教育、慈善等教化南洋，得數萬人之皈依學佛，使南洋佛教基礎更加穩固。

一九四七年太虛大師於上海玉佛寺圓寂，慈航法師正在新加坡閉關，聽聞大師圓寂悲痛逾常，並於《中國佛學月刊》撰文紀念追悼大師，又撰寫紀念歌詞，並在日用信箋印上「以佛心為己心，以師志為己志」以明志追隨大師之步伐，永懷太虛大師教誨之恩。又印《中國佛教革命的呼聲》寄國內各寺院，呼籲寺院叢林興辦佛學院，從事各種教育、文化與慈善事業，並呼籲僧青年起來革命，為中國佛教前途努力。

一九四八年慈航法師於馬來西亞檳城極樂寺受法於圓瑛法師。是年應中壢圓光寺妙果和尚之請，來臺開辦臺灣佛學院，為國民政府來臺後所辦的第一所佛學院，希望藉慈航法師之名，帶動臺灣佛教僧伽教育。然因寺方經濟不足以支撐佛學院的費用，又值大陸變動青年學僧來臺依止法師學習，使得原先計畫試辦訓練班六個月、再辦正式研究班的規畫，終在訓練班結束後而終止。

然大量大陸青年學僧的到來，圓光寺無法如數安頓，在法師與妙果和尚協調後，僅留十人於寺中，其餘皆隨法師浪跡各地，後得新竹靈隱寺住持無上法師收容，棲身寺中並得無上法師同意，辦佛學院讓僧眾得以續習研法。然卻遇舉報匪諜，因此慈航法師師生皆被拘捕調查，後被孫清揚、李子寬等居士四處奔走保釋。出獄後，慈航法師於臺北弘法，白天在法華寺講〈普門品〉、十普寺講《地藏經》，晚上則開示唯識與因明之學。因時局劇變，僧人受辱，來臺學僧散居各地，慈航法師為覓一永久居所以安僧慧命，在四處尋找之際，汐止靜修禪院住持達心法師尼與玄光法師尼，感動法師之義舉，發心在汐止秀峰山建造彌勒內院，禮請法師住持並持續講學，終使大陸學僧得到安身之地。

法師講學內容包括《楞嚴經》、《法華經》、《華嚴經》、《成唯識論》及《大乘起信論》等諸經論，平日信徒求法請益，無論人數或身分，每問必答，使得彌勒內院成為當時最具影響力的佛學教育中心。

一九五二年起法師第三次閉法華關，預計三年為期，然一九五四年五月六日於關房中安詳示寂，享壽六十年，其示寂前囑大眾以坐缸安葬，大眾遵囑五年後開缸，見其全身完好，面目如生前無異，成就肉身菩薩，消息震動全台宗教界，隨後裝金供養於彌勒內院慈航堂中，信眾供香不絕。

著述與傳人

慈航法師一生奔走海內外弘揚佛法，所到之處勤於講學，興辦佛學院、佛學會，組織慈善文化教育活動，亦努力撰寫文章於報刊，以教化世人。法師圓寂後，弟子信眾將其著作，以「慈航法師永久紀念會」整理印行，名為《慈航法師全集》內容共分五篇：《相宗十講》、《大乘起信論講話》、《十二門論講話》、《成唯識論講話》、《菩提心影》等，共一百三十餘萬言。

當時來臺依止法師的大陸學僧不少，在教難後於臺灣得安心學習與弘法，後皆成為臺灣佛教之法門龍象。這些學僧包括了中、自立（乘如）、唯慈（日照）、幻生、淨海、妙峰、能果、果宗、印海、宏慈、戒視、嚴持、浩霖、清霖、以德、寬裕、常證、清月、真華等諸位法師，後來皆在臺灣內外各地一方弘法，成就了漢傳中國佛教在臺灣的興起與發展。而達心比丘尼與玄光比丘尼，更是不遺餘力支持法師，在法師落難時挺身護持，為其安排處所，以避政府治安人員的搜查，為其建彌勒內院以安學僧，傾力護持，可說是女中豪傑。

對佛教的貢獻

慈航法師一生光明磊落，師從太虛大師門下，常言：「以佛心為己心，以師志為己志。」

他具有菩薩之悲願救度胸懷，曾說：「如有一人未度，切莫自己逃了。」我們從慈航法師身上，可以看出太虛大師宏偉的胸襟，他海納百川，門下的弟子如或以學養著稱，或以修行著稱，無論何者，都紹承了太虛大師的志向，不斷推動佛法向前。

慈航法師是當時決定至臺灣傳法的先行者，也是臺灣第一位肉身不壞的菩薩，他紹繼了太虛大師的教法，守護青年學僧，在臺灣留下漢傳佛法的命脈。在那個風雨飄搖的時代，有慈航法師、印順法師，及廣欽老和尚，這些偉大的大師們使臺灣成為漢傳佛教的核心，承繼了漢傳佛教的精華。甚至不止是漢傳佛教，在太虛大師的努力下，開啟了世界佛教的視野，讓臺灣佛教承受了這偉大的傳承與高廣的視野，開創了臺灣佛教新紀元！

興教建言

中興佛教講話

提到中國佛教重興的問題，我也不揣簡陋略談數語，而對現前的我國佛教，作一種熱情抱負和感想！現在先分三段來說：

一、原始佛教

佛教最初是產生於天竺，由迦毗羅國，淨飯王的太子悉達（就是我們信仰的釋迦牟尼），見生、老、病、死，諸苦，而覺悟人生是無常，因此捨離高貴皇宮出家，五載雲遊參學，六年雪山苦行，最後在摩竭陀國，菩提樹下金剛座上，夜睹明星悟道。從此佛教就產生出來了！佛成道後，先遊鹿野苑度五比丘，其次至各國說種種法，度無量眾生，最後至拘屍羅國，雙林樹下，入無餘涅槃。一共說法四十九年，談經三百餘會，這是佛教的大概經過。

當時佛要修行，照我們的理想，在皇宮後花園裡也可以建舍自修，為什麼佛不在皇宮修行，而跑到雪山去用麻麥充饑，受蘆茅穿膝的苦呢？

佛成道後，教化各國時，得到十六大國王的信仰，這個時侯佛若建立寺產，不論在那一個國都可得建立，為什麼佛不建立寺產而實行托缽呢？

我們要知道，眾生的生死根本，就是貪瞋癡，因為有貪瞋癡，所以不能解脫生死；當時佛若在王宮裡修行，那麼，就有貪著皇宮的快樂了。因為要斷生死的根本，所以跑到雪山去修行，以為後來修行人的模範。又佛成道後，假若設立寺產，佛在世時，有佛制度則可以，若佛滅度後，那麼，諸弟子必生貪著，由有貪著，就會發生鬥爭，這樣就不能修行辦道了，佛因為要令後來的行人斷貪欲故，建立托缽乞食的制度。

佛制托缽有三種的利益：（一）能令現在的行人遠離貪欲。（二）無論貧富老幼的人民皆得種福。（三）能使後來的行人斷貪欲心。有此三種利益的緣故，佛才實行了托缽制度。以上是原始佛教的大概。

二、世界佛教

佛滅度後，佛法流傳世界各國，但是各國的興盛，行持各有不同，大約可分兩方面來說：（一）南方佛教。（二）北方佛教。

南方佛教就是現在的暹羅、緬甸、錫蘭，這三國的佛教，皆是沒有寺產的，其出家人皆是依佛制，托缽，手不拿錢，個個戒行精嚴。由此能感動國王，人民，都信仰佛教，凡見到和尚，全要五體投地的恭敬，好像佛在世的樣子，現在可算是南方佛教最興盛，但是其所傳的佛法唯有小乘法，經即是四阿含等，律即是四分律小乘律等，論就是《俱舍論》等。

北方佛教就是西藏、中國、日本等，北方佛教來比較南方的佛教就大不同了。例如中國的佛教，就有寺產建立，乃至出家人穿的衣服，也就大有不同的，日本的佛教與中國的佛教相比，又有不同的地方，日本的和尚多有娶妻食肉種種，看起來日本好像有佛教存在，究其實體，早已沒有佛教的靈魂，不可算有佛教了。北方佛教雖然傳有大乘的教典，但是對國家社會的反映，沉寂得很，現在可以說衰敗到極點了。

三、中國佛教

說到中國的佛教，現在分三段來說：（一）唐代以前的佛教。（二）唐代至今的佛教。（三）今後將來的佛教。

（一）自漢明帝夢金人，佛法初流入中國，也是沒有寺產叢林。出家人或住樹下，或住茅蓬小廟等；後至唐朝，有馬祖道一禪師，才建叢林，百丈懷海禪師，方立清規，古人有兩句話：「馬祖建叢林，百丈立清規。」由此我們就知道：唐代以前是沒有叢林的，但是中國佛教最興盛的時代，就是唐代。

（二）自唐代馬祖建立叢林以後，經過了宋、元、明、清，乃至現在，都是沒有什麼盛興。

（三）叢林的好處，略有二種：（1）可以安心辦道，（2）免受寒冷之苦，因為有了叢林住，就不必去遙遠的地方托缽，板響就跑到齋堂裡去吃飯，日間即可以安心的修行，晚間又有房子住，既不要托缽，又不會受到寒冷的苦，這是有寺產叢林的好處。

說到不好的地方，就是因為有了寺產，大家都會生貪著。最不好的，就是過去佛教那腐敗的現象，例如有剃度派、傳法派……等到有權的住持或當家歸西後，他的大法子、二法子、三法子……或大徒弟、二徒弟、三徒弟……他們不約而同地就爭奪起來了，因為他們的眼睛裡，把祖傳的寺廟財產乾脆當著一塊肥肉，因為要爭分這塊肥肉，甚至兄弟們就打起官司來。或有寺產多的出家人，經濟豐富得很，養尊處優，氣派很大，或喝酒、吃肉、吸鴉片、看戲、看電影、賭錢、玩女人、胡作亂為搞得一塌糟，弄得世間的好人，當地的長官，心中惱厭，把寺廟拿到社會辦教育，建學校，弄來弄去把一塊肥肉弄掉了不算，整個佛法前途，由此漸漸的衰落下去，講到現在，可說衰敗到極點，那真是可憐啊！

現在要重興中國的佛教，還就有寺產方面來說：必須要用「化私為公」四個字，將各寺廟所有的財產，都拿出來辦文化、教育、慈善等事業。（1）先以一縣為單位，各縣要建立剃度寺一個，沙彌寺一個，菩提小學（最少四個）、醫院、孤兒院等等。（2）以一省為單位，各省要設立比丘戒寺一個，菩提中學（最少二個）、長老院、圖書館、報館等等。（3）國都要設立一個中央佛教會，統轄各省縣分支各教團。再設菩薩戒寺一個，佛教大學一個，佛學研究院等等。又把各縣所聚寺廟財產分為三級制，一份留在各本縣作為宏化事業費用，一份送到省會，一份送到中央，都來辦佛教事業。果若照這個方法去進行，那麼，將來的佛教，決對能夠重興；但是，實行初步，非請政府幫忙，不能成功。假使這個方法不能進行的話，要用什麼方法呢？那就是用佛教無產的「三無主義」去刻苦自勵，宏法利生。

（一）無產主義

有產的佛教，既然不能重興佛教，那麼，就要用無產主義了，大凡能使令人爭鬥的，多是因為錢財，我今用無錢主義，手裡不要拿錢，那麼，他就作怪不得，由此可以精進辦道，宏法利生了。

（二）無住主義

既然不要錢，也就沒有樓臺殿閣式的大叢林，及奢華美麗的居屋，目的是要把佛法帶到民間去。凡是一個出家人，都能隨著時代新潮流每個漩渦裡來度化人，那不真成了理想的建設人間佛教嗎？

（三）無位主義

既然不要錢，又不要住，那麼還要什麼位呢？到那時出家人自然不要做方丈，不想做當家，個個嚴持自己的律儀，學教弘法，解行並進，自然僧格素質提高，那些獅子蟲畏怕早躲得遠遠的，苦悶的民間，都希望得到無上甘露法水來灌溉，這就能夠達到重興佛教的目的。

再說這個「無產主義」，是遵照佛陀在世制度來實行，必須要托缽行化。但是我們中國是處於地球寒帶的地方，到冬天的時候，占我們一大半版圖，要滴水成冰，又怎麼能忍受過著托缽的生活呢？這又有兩種說法：一當時佛在世托缽，佛曾制夏三月安居，是因為印度是熱帶的地方，夏季地上蟲蟻紛行，恐怕踏傷了牠們的生命。又印度人到熱天的時候，便露體出入，出家人有種種不方便，所以結夏安居。

像我國寒帶的地方，就可以結冬三月安居，不要出去托缽，這樣就不會受到凍指裂膚的痛苦。二還有一種說法，在家人到冬日裡也要出去作業而謀生，他們不是忍著寒忍嗎？我們出家人一日只要托缽一回，比他們輕鬆得多，能這樣想，冬天行乞，也就不感覺苦，就把怕冷的事解決了。

若能照這樣方法來實行，何患僧格不能提高，社會不肯援助，人群不受感化，佛教不會振興呢？此是我對改革佛教的一點中心思想，仰望高明的大德長老指教是幸！

《菩提心影：法教篇》收錄於《慈航法師全集（下）》慈航法師永久紀念會編輯出版，一九四七年四月

我對於改良佛教的一點意見

教徒的統一

我們試看每一個國家有力沒有力，就看那一國的人民統一不統一；假如一個國家的人民，好像是一盤散沙一樣，那麼無論是有多少人民，也是沒有力量的；設若這一國的人民能夠統一起來，這樣才能夠發出很大的力量。就以中國整個佛教徒來說：不能說是不多，所缺的地方，就是全國的佛教徒不能在統一線上合作，這是一個很大的缺點，反過來可以去看看那耶教和回教，比一比，就不同佛教徒那樣的散漫了。現在中國佛教會整理委員會，如果真能做到統理全中國的佛教徒，那是中國佛教興盛前途的預兆。

教會的毅力

中國的佛教，民國以來什麼佛教會的名稱，不能說是沒有；但是在事實上真能夠站在中國佛教中去做一點驚天動地濟世利人的工作的，這實在是微乎其微，也可說就是一種有名無實的象徵了！而且缺少了嚴密的組織，這個原因是：一者，因缺乏新的人才；二者，也是一班腐舊的固執份子在那裡障礙。所以真要做到徹底一點，非需要有政治保障的力量來幫助不可！中國佛教會，這一次加上了一個「整理委員會」的頭銜，若再不能整理一個頭緒出來，那可說「中國佛教」是永無振興的希望了，除非是轉輪聖王出世來護法不可。

調查僧眾的數目

現在全中國究竟有多少的僧侶？這卻是還沒有得到一個確實的報告，不過都是說：大概是這樣吧？試試看每一個國家，當他要刷新的時候，怎樣免得了可以不去調查戶台的事情，在佛教如果要有一番糾正整理，對於僧尼的數目，不可不首先從事去調查，然後實行刷新佛教一般工作及召集才能者，莫不從調查僧數下手。

組織弘法委員會

中國現時的高僧大德，不能說是完全沒有，但是所缺乏的是沒有統一的性質，都是各行其是，所以發展弘化的力量，成績就很微！這是因為沒有團結的幫助。我以為最好的辦法，是首先大家將所知道的當代弘法大師，在各處弘法的人才，先得到一個統一的數目，不但是一方面可以聯絡，而且另一方面又可以一致的，所以應該要有組織弘法委員會之需要，這是整理中國佛教的第一步工作。

設立佛學研究所

現在已經在各處弘法的大德們，固然是不少，但是還有一班半生不熟的人才，還是多得很！這種僧侶，你說他不懂，他對於佛理，又知道了一點半點，但是真實叫他出去弘法，他們的力量又不夠；因此需要創辦一個佛學研究所，可把這一班有用的人才，到那兒去加速訓練，預備好繼續前者之工作；不然的話，老的死了，小的又沒有生出來，豈不是無形中斷絕了佛種嗎？

改良各種現行制度

中國佛教的教理，可算是完全，無論是大小乘的三藏，以及密宗典籍，都有翻譯；中國佛教徒的缺點，就是因為幾種制度不良！如：濫收徒弟，濫傳戒法，把十方寺院，變成了自己子孫變態的家庭，傳法不是傳法，變做了傳廟的生意經，經懺佛事，變做了營業的主義，海單卻變成了逃亡所；這許多實在是不如法的制度，倘若不去徹底改革，那就是彌勒佛出世，也是不會發達的！現在再把幾種設施的需要，講在下面：

一、創立各宗的專寺

在佛當時說法，雖然是沒有專宗，但是一到了中國和日本，就變成了各宗各派，中國佛教古有十三宗，現在所流行的，所謂：大乘八宗，小乘二宗，但是現在的中國，除了禪宗和律宗有一二家專修寺以外，其餘的都沒有專宗寺了，最好，是把全中國劃分若干寺院為某某宗專寺，如天臺宗寺，唯識宗寺，這樣的可以使一班專修學業的僧人，有所依托，學成了的可以出外弘法，未學成的可以在專寺修學，這種有系統的組織，對於學業是有很大的成就的！

二、剃度的統一

我以為中國佛教最不好的現象，就是濫收徒眾，沒有嚴格的考察。結果，把一個清淨的僧團，變成了一個垃圾桶！凡是社會上淘汰了的渣滓，統統都逃到佛門來了！所以要正本清源，還是要先整理剃度一項為第一步驟。我以為收徒剃度，最好由團體負責，以縣為單位，這樣，一則有嚴格的檢查，二則又免黨同伐異的弊病；若要把中國整個佛教徒去整理得好好，非先從剃度去改革不為功，不然的話，亂草斬除又生，不知何年月才能夠根底清淨呢！

三、受戒的定制

佛法能否久住於世，這是要看僧侶們戒德之有無？這在《佛說遺教經》中最後的垂訓，說得非常清楚。說到中國佛教徒的受戒，三壇大戒一齊並受，這實在是有名不副其實之過！不問他是八天，或是十八天，就是四十天，除了禮念之外，有幾個人能夠把「戒條」「戒相」統統弄得清楚？還說什麼「戒體」「戒德」呢？所以我以為受戒不是和讀書那樣拿了文憑的飯碗性質仿行；第一，受戒不是別人壓迫的，是要隨自己的志願，或受沙彌戒，或受比丘戒，或進受菩薩戒，這樣都是隨人自由的意願，使其達到名副其實，不過把制服和職志分一分就可以。

四、學戒的年次

我以為先學沙彌律及行事，三年滿，再受沙彌戒，如小學畢業一般，給以沙彌戒牒，名為職僧，可在僧團中擔任各種職務。如須再進受比丘戒，必須再學比丘律三年，畢業後，再給以比丘戒牒，名為修持僧，實行比丘的修養，為求聖果，故不任教職，亦不弘化，專以修行為己任，佛法住世，卻重證道。如欲再進受菩薩戒，須再學菩薩戒三年，將菩薩弘化之事，應先學習，畢業後實行教化，以弘法利生為職志，這才叫做名副其實的菩薩僧！

五、僧侶的程度

僧侶的知識來源，種種不一，或有曾受過高等教育者，亦有一字不識者，如此，則僧侶程度參差不齊，久之就會變成了名不副實之和尚，蓋和尚譯之為親教師的意義。目不識丁的僧伽，自己尚不能教自己，又何能去教別人？親教的意義已經就失掉了！我意以為凡為僧侶的，無論職務僧、修行僧，或弘化僧，皆須具有知識，知識之來源，須受過教育，故僧侶由小學而至中學，大學，在家時能受過高等教育者更妙，否則，須在佛教學院中去補習之，使一般僧侶的知識既齊！程度相等，將來無論自利利他，皆有相當能幹的工具。此則所謂「工欲善其事，必先利其器」是也。

六、佛事的改良

中國僧侶，靠做經懺生活，大約可說是占了一大半，這種弊病的結果，一則裨販如來，一則廢棄學業，中國和尚，大多數的光陰，都費在學唱念方面，所以經律論三藏聖典，只好束之高閣不聞不問，以為這是不兌現的鈔票，學佛廢學，實在是一種最可恥的事！他的原因，最初是為人祈福，最後法久弊生，把三藏文獻，當做故紙了！我以為這種替代，還是恢復佛陀在世本有的制度，「請法飯僧」，一方面可以令施主增加福慧，另一方面又可以減去僧侶的貪心，同時又可以增進僧伽的學業，因為要說法，不得不去研究佛學，「人以食施我，我以法施人」，財法二施，等無差別，這也是弘揚佛法的一種好方法。

七、海單的改革

在佛陀當時的制度，一班僧侶日常的課程，就是「托缽」「坐禪」「聞法」，自佛法一流傳到了中國，因為天氣和風俗不同，所以祖師建立叢林，是給我們安心辦道的，不是給我們當作躲懶偷安之所，在僧侶的工作約有兩方面：一方面是自修，另一方面是弘法。在自修方面是念佛、持咒、誦經、坐禪，所以必定要安定一個意志：在掛單的人，他們就不是這種觀念，除了上殿過堂隨眾起倒之外，他們什麼事都不管，油瓶倒下來也不去扶，東掛幾天單，西掛幾天單，什麼參禪學教，好像都沒有他們的責任一樣，所以社會上一班人見了這般情形便說：和尚總是寄生蟲！這實在是受了上述那班僧人的影響。其實掛單這種生活，實在也是苦的，上客堂變成了下客堂，我以為最好是改成招待所，少則一二日，最多不過七日，因為掛單的宗旨，是利便行人的住宿，免同俗人一樣住客棧，不是給人們永遠可在雲水堂裡面吃飯和睡覺的，而且寺院設立的宗旨，本來是給人辦道的，並不是給人們在裡面放逸偷安，大家要想佛法興隆於世，可從僧伽「求學」「修行」「弘法」這三大方向去努力，希望有心改革中國佛教的先進們來領導。本來改良中國佛教的事情還多得很，本文只提出了幾點，作一個拋磚引玉罷了，希望高明者指正！

《菩提心影：法教篇》收錄於《慈航法師全集（下）》慈航法師永久紀念會編輯出版，一九四七年四月

我對於中國佛教今後改良補充意見

關於中國佛教今後應如何改良？已由中國佛教會匯集各方貢獻意見，先後在人生月刊中發表，及設計委員建議提要，綜觀各項較諸往事多有可取；茲依個人愚見，貢獻數端，以便公開討論：

一、中國僧伽過去數量似乎過多，其流弊在政府看來以為對於兵役大有防礙，以為人人出家則青年壯丁盡逃於佛教，故有僧青年亦歸入壯丁之例，即在此耳。其次在社會一般人看來以為人人出家，則社會事業無人去做，所謂分利者多而生利者少，不但僧伽對於國家無用，而使國家反而浪費許多金錢養活僧伽。不但政府及社會人士不以為然，即佛徒本身亦多謂在此民生主義高唱之時，僧伽亦應自食其力。總觀三說，皆因僧伽數量過多之故，假定把僧伽數量減至再不可減之時，則以上三種指責均能解決矣，此其一。

二、佛教應以僧眾及信眾合作來做社會及佛教事業。依此原則，則今後中國佛教內容，應分為四部：（一）護法部，（二）學法部，（三）持法部，（四）弘法部。護法部內又別為三類：其一為受三皈者，其二為受三皈五戒者，其三為受三皈五戒十善者。統名之曰「信眾護法」。其職務在寺院，在佛會，在學院，在各部門均為職員。如三皈五戒十善之信徒最高之職務管理銀錢帳目等。三皈五戒之信眾任中等之職務，如文書知客交際會計庶務等。三皈之信眾則任飯頭打掃園頭種種雜務之事。此等信眾高下之職務，即佛教中之公務人員，照給薪俸，可蓄妻子，回家食宿，來寺辦公，此等信眾既能學佛，又能自由生活，一舉兩得，又能免濫受僧徒娶妻蓄子生產作工之壞名，而佛教得此信眾來護法，僧伽亦可安心去學道辦道弘道，此其二。

三、佛教信眾既任佛教各職務，則僧眾為三級：（一）在信眾中三皈五戒十善俱全者，在佛教中已服務多年操行清白人所共知，發心出家，得高級人員保證，得教會最高僧統許可者，則可任其出家；一心學戒及研究三藏教典受沙彌戒，受持十戒無違，名學法僧。如現在各處佛學院學僧，及叢林中清眾僧相等。其職志以承繼弘法人才之預備。（二）沙彌十戒，既能嚴潔絲毫無犯，三藏教典悉已通達，欲作弘法之預備，故進一步求受比丘二百五十戒，練磨身心，行持法門，深求斷惑證真，即生解脫，名為比丘持法僧；在八萬四千法門中，專修一門，以為行持。（三）菩薩大戒，須在比丘僧中已得戒德成就，三藏通達，年齡亦至相當，所謂：學德，戒德，苦行，修持，辯才，聲望人所共知，此等比丘如自願發心求菩薩戒，學菩薩道，行菩薩行，得最高僧統許可者，則稱為菩薩弘法僧；在寺院為長老，在教會為主教，在學院為院長，所謂：學弘德高臘長之人也。

僧眾只有學法，持法，弘法三等，數量很少很少，如耶教之牧師，天主教之神父，其餘如神學院之學生，則中國向來一般輕視僧伽之恥辱可一洗而盡。而信眾可學佛，可培福，可為家，可為國，可作生產事業。果能如此，不但佛教興隆，則社會人士亦無處開口指責佛教也！此其三。

僧眾既然減至最少，亦只有學法，修法，弘法之僧伽，除此三者之外，更無一人為佛教貼廣告，為僧伽吹喇叭之經懺僧；蓋中國佛教敗壞至如此者，非叢林僧，亦非學院僧，實出於小廟之經懺僧，飲酒、吸菸、食肉、賭博、嫖妓，種種無所不為之事，皆出此等人之手。佛教中縱有千萬人如太虛、印光、虛雲之德學者，不如一人出入戲院吸菸飲酒吃肉魔力之大。嗚呼！吾人不幸生此末法，獅蟲遍野，佛在世時魔王波旬已向佛說：食佛飯，穿佛衣，敗佛法。佛亦曰：無奈汝何！諸委員均係受靈山咐囑，應徹底取銷經懺應赴僧，則佛教前途才有希望。否則，今後中國佛教難堪設想。

《菩提心影：法教篇》收錄於《慈航法師全集（下）》慈航法師永久紀念會編輯出版，一九四七年四月

我對整個佛法的看法

我們不談佛法則已，要談，那就不能不依據——經、律、論——三藏的聖教。「律藏」是佛約束弟子們的一種規則，好像學校的校規，軍隊的軍紀，和國家的憲法一樣，以便大家共同遵守，行動可以一致。至於「論藏」，不問他是佛在世的時候作的，或佛滅度後造的，大乘論，小乘論，菩薩造，聲聞造，通論或釋論，乃至後來一切的著作，不單是釋經，便是釋律，或是釋論，所以我們可以總括起來說一句：都是依據釋迦牟尼佛所說的修多羅——契經的意旨而解釋的啊！

釋迦牟尼佛示生到這一個世界上來，「八相成道」，「十九歲出家，三十歲成佛，八十歲涅槃，說法四十九年，談經三百餘會」（這是依一般人向來的說法），可見佛說的經當然是很多！然而哪一部經是在前，哪一部經是在後呢？據天臺家別五時的判法：一華嚴時，二阿含時，三方等時，四般若時，五法華涅槃時。這可見華嚴在前，而法華涅槃是在後。如果約通五時來判：華嚴可以通後，而涅槃也可以通前，就是說他四十九年說的完全都是般若，亦何嘗不可？有些唯識家認為先說阿含的「有」，次說般若的「空」，都不是中道。如果要談到中道的話，那就要算唯識的道理，「非有非空」才是中道。但是般若家又反過來說：阿含說的「心境俱有」，固然是不對；而唯識所說的「境空心有」，也非徹底；如果真要談到徹底的話，那就要算般若才是「心境俱空」的究竟。這樣一來，那一個是中道，那一個非中道？那一個是徹底，那一個非徹底？那一個是究竟，那一個非究竟？像我們這些自己沒有擇法眼的人，那只好隨著天下老和尚底舌根來轉移了。

這是就佛經的前後以及中道非中道，究竟非究竟等問題而說的，還有真偽的爭辯：「法華已亡」，「楞嚴偽造，起信邪說」。不但如此，連《華嚴》、《涅槃》都說是偽經，公開的在那裡宣傳！自稱為高僧大德，尚且有這種說法；何況不信佛的人，他們說佛經都是偽造，你又有什麼力氣，去和他們打筆頭官司呢？雖說「三印法」：一諸行無常，二諸法無常，三涅槃寂靜。或稱「四法印」，加上：四有漏皆苦。或「一實相印」，「真如，佛性，法性，法界，實相，一真法界，如來藏，圓成實性，圓覺，常住真心，涅槃」。這許多金剛王寶座，現在已有人把它當做「神我，梵天，大有性」來看，對於佛法根本發生搖動了！假如照這樣說下去，佛法不衰，吾不之信！佛經上又說有四依：一依法不依人，二依義不依文，三依智不依識，四依了義不依不了義。在這末法的時代，都一概置之不問了，所以我對於佛法整個的看法：若不承認這些經是佛陀說的，那當然無話可說！若是承認的話，那就是：「歸源性無二，方便有多門。」佛陀明明告訴我們：「我說法四十九年，談經三百餘會，實在沒有說到一個字。」《金剛經》云：「若人言：如來有所說法，即為謗佛，不能解我所說義。」又云：「汝等比丘，知我說法，如筏喻者；法尚應捨，何況非法？」這明明是昭示我們：「勝義諦中，無法可說。」而眾生根行不等，受解緣別，所以約世諦門中，方便言說。說大說小，說空說有，說顯說密，說漸說頓，無非是各應其利鈍根性，方便說法。我們要因指而見月，見月而忘指，何必執指以為月呢？所以研究佛學者，要以釋迦牟尼佛的見解為我們的依歸。下面就是我的看法。

一切佛經，卷帙或多少不同，如《大般若經》就有六百卷之多，《華嚴經》有八十一卷，《涅槃經》有四十卷，而《遺教經》則只有幾頁。我們要知道：佛經上的文字有多或少，那不過是詳說和略說的差別，而內容不出三個大字——境、行、果。「境」，就是所見到的境界，那是屬於知，屬於明，屬於解。「行」，就是明白境界之後，如何是應行，如何是不應行？如果是應行的話，就應當努力去行，那是屬於修，屬於為，屬於做。「果」，就是行了之後所得的結果——目的地。這話我可以舉出幾部經論來做代表：

一、《楞嚴經》：前三卷半——破妄顯真是屬於「境」，中間三卷二十五圓通是屬於「行」，後面一卷六十聖位是屬於「果」，其餘都是附帶說的。

二、《解深密經》：勝義諦相品，心意識品，三自性品是屬於「境」，最後的如來成所作事品是屬於「果」，而中間所說的都屬於「行」。

三、《攝大乘論》：所知依，所知相是屬於「境」，最後兩品：彼果斷，彼果智是屬於「果」，而中間六品是屬於「行」。

四、《成唯識論》：雖有十卷，然所依據的，是世親菩薩所造的三十唯識頌：前二十五頌是談三能變的唯識「境」，中間四頌是談資糧、加行、通達、修習的「行」門，最後一頌是談究竟位的佛「果」。

其實，不但如此，就是《大般若經》、《華嚴經》、《涅槃經》，以及其他的一切經，又那裡可以離開這境、行、果——三法呢？不過有的經詳於「境」而略於「行」和「果」，有的經詳於「行」而略於「境」和「果」，有的經詳於「果」而略於「境」和「行」因詳略的不同，所以隱顯各異。像我們這些鈍根的人，恐怕就沒有法眼能夠澈悟啊！

我們就單拿兩部經來做代表：一是《彌陀經》，一是《地藏經》；《彌陀經》是詳說西方的樂「境」，假定要想得到這種樂境的話，那就要勤修淨「行」，功行如果成就了，最後就達到了你希望底目的，這就叫做得「果」。

《地藏經》是詳說地獄中的苦「境」，若欲了知這些苦境從什麼地方來？那當然不出乎各人所造的惡「行」，惡行多了，就會墮落去受苦「果」。可見這兩部經的內容雖各不同，而不離「境、行、果」三字則一。由此可以類推一切經論詳略或有不同，而所說的無非是「境、行、果」，萬法不離其宗，詳略無關宏旨。我們可以把它總括起來，有的經是談佛的境行果；有的經是談菩薩的境行果；有的經是談人的境行果；有的經是談地獄的境行果；還有許多經是混合不分而說的。如果不信，只要打開《楞嚴經》第六卷半以後看去，你一定會發覺：從三漸次而談到妙覺……從地獄談到天堂……從魔王、外道，一直談到二乘；什麼境，什麼行，而得的是什麼果？清清楚楚是一本「十法界」的圖解。所以我對於三藏的文獻，是這樣一種分類：

《華嚴經》，《法華經》，《圓覺經》，《維摩經》，《楞嚴經》，《涅槃經》，《如來藏經》……這些經裡面的名字雖然有些不同，如法界、實相、圓覺、真如、佛性、如來藏等……但名字不管它幾千幾萬，若把它總起來，就可叫它一個「真心」。這些經不能說它是偽造，也不能說它是後期的佛教，更不能說它是迎合外道的思想，真真實實是釋迦本師親口所說的，假定有人要加上它一頂什麼帽子，說它一個「非」字，那麼，這人就是破壞佛法無疑了！因為有許多眾生是受了這「真心不變」的感化，不敢墮落「斷見」，而直下可以承當，自己也有成佛的可能。佛陀這種說法，對於眾生是有莫大的利益，誰敢加以非議？

「摩訶般若」，「小品般若」，「放光般若」，「光讚般若」，「道行般若」，「勝天王般若」，「護國仁般若」，「金光明般若」，「文殊問般若」，「實相般若」，「金剛般若」，「般若心經」……這許多般若都可歸納到玄奘法師譯的六百卷《大般若經》中，而般若的名稱，不問它有多少，只用八個字：「緣生性空，性空緣生。」就攝盡無餘了！這種學說，對於近世科學時代是最逗機的！明顯一點說：就是最合科學的。因為不帶絲毫的神祕性，所謂：現實，現事就是這樣，可以用科學的方法來實驗，一切法如果用化學把它分化起來，的的確確是「性空」的。理論高，事實近，唯有利根的人才可以完全接受。不過危險性是很大！因為一切皆「空」。所以近世科學越發達，而世界越擾亂，一般悲天憫地的人想要救人救世，只知道擾亂不堪的果，而不知道這種果是從什麼地方來？是從空底斷滅見中撥無因果來的。因為「緣生故性空，而性空故緣生」，只可以成立一生的因果，而不能成立三世的因果——前生善惡的因，而感今生苦樂的果；今生善惡的因又感來生苦樂的果。若說三世因果，都由「緣生性空，性空緣生」來成立，則這話不通！不合科學的理論和實驗！這樣，連阿含根本的佛教——行緣識，識緣名也，……取緣有，有緣生……也就不能成立，會被人推翻了！因為沒有「真心」來做它的主人翁，又沒有「阿賴耶識」來做它的媒介，而「業果」無論你說得怎樣天花亂墜，結果是一個「空」。所以我說「般若」的道理，在佛教的教理上，可算是第一，而在「用途」上，就要看它得法不得法？用得其法，可以掃蕩一切「我執法執」——一直成佛。用不得法，可以撥無一切「善惡因果」——一直墮到各種地獄。因為一切皆空，哪裡還有什麼「因果報應」呢？所以希望弘揚「般若真空」的大德，不要常常來貶斥「真如和唯識」的教理，庶免自誤誤人之譏，要建立「真空不空」的妙用才對。

《解深密經》，《密嚴經》，《楞嚴經》，這些經的中心點，就是要建立唯識的道理。「識」，雖然有八個，而一般對七八二識，最難明了。依我的見解，唯識的學說，較之「真如與般若」，要得乎中庸一點！因為「真如」既是恆常，也就沒有「染淨」「聖凡」之分！而「般若」既是真空，更無「十法界」體、相、用可得。唯識是以「依他起」為中心，而依他起又有兩種：染分依他，屬「遍計所執」，故名之曰迷，又名之曰凡。而淨分依他，屬「圓成實」，故稱之曰悟，又稱之曰聖。既有染淨之分，當有迷悟之別，果能依學而修，轉染成淨，轉迷成悟，則轉凡成聖，必定有分；而佛陀現身說法，其目的欲令一切眾生悉皆成佛，意在於此。

「長阿含」，「中阿含」，「雜阿含」，「增一阿含」，向稱之為四阿含。一般人名之曰小乘佛教，而日人稱之為原始佛教。內心的重心，就是四諦法。「苦」「集」二諦，是迷界的因果，名之曰有漏。「滅」「道」二諦，是悟界的因果，稱之曰無漏。蓋苦是世間的果，倘追尋此苦果從何而來？必自知是吾人各自所起之惑，所造之業，故名之曰集。如欲滅此苦果，必須滅其集因，其方法無二，只有勤修正道！此「苦集滅道」四諦，最當現世人撥無因果之機，故佛陀最初轉四諦法輪者，大有意義在焉。余閱藏常見陀佛對一般人說法：「施論，戒論，生天之論。」「其心柔軟，如浣垢衣，堪受染器，故說四諦，不起於座，即得須陀洹果……阿羅漢果。」觀乎此，則阿含大教，實建立「業果不亡」之基石也。

綜上所說：吾人弘法，當依佛陀為模範：初則以業果示人，次則明三世流轉，再次則高豎一心，最後掃蕩一切情執。此為說法之次第，余常引一譬喻以明之：「業果如基石，唯識如屋架，真如如屋頂，般若如屋空。」吾人建屋目的在容身，然容身又非中空不可。明乎此義，「則般若是目的，其餘皆方法耳」。自愧才淺，誠恐引譬不倫，見笑大方！

其次，一切佛法，不出四門：先嚴身口，故有「律」宗；次淨內心，故須「禪」學；都攝六根，淨念相繼，心佛不二，事理圓融，故修「淨」土；三密加持，即身成佛，故修「密」印。以是義故，「律」、「禪」、「淨」、「密」，實為入寶所之四大門，而華嚴之「法界觀」，天臺之「三止觀」，唯識之「五重觀」，般若之「真空觀」，統為「禪」觀門所攝，故不另立。

《菩提心影：法教篇》收錄於《慈航法師全集（下）》慈航法師永久紀念會編輯出版，一九四七年四月

評「整理佛教意見書」

鎮江超岸寺守培老法師，我最初是在民國八九年間拜見過一次，直到後來在《海潮音》上，看見他老人家和印順、芝峰兩法師筆戰起來，才知道他是一位對佛學具有特殊見解的大善知識！今在第五卷第一期《中流月刊》上看見他老人家的〈整理佛教意見書〉，頗多高見！他說：「教義不整，縱有所宣揚，焉能福利社會？」的確，中國佛教，只有墨守成規，少有新見解，所以自宋明以來，佛教不興，其癥結或就在此！但是聖教上曾說：「依法不依人。」這句話的意義就是說：在人的方面，大善知識說的話不一定都是對的，我們要以佛法的真義為依歸；若是因法而毀人，或因人而尊法，都不是學者的態度。現在我就本著這樣的態度，照他老人家的小標題來檢討吧：

一、佛說中道與各宗中道

真正「中道」的說法，須依龍樹菩薩所造的《中論》，《中論》云：「不生亦不滅，不常亦不斷，不一亦不異，不來亦不去。」這就是「八不中道」。又天臺始祖智者大師從《中論》悟入：「因緣所生法，我說即是空，亦名為假名，亦名中道義。」其實六百卷「大般若」，無非發明此義，明乎此，則一切疑團俱破。是非曲直，瞭若指掌，明眼者，毋須另下一筆，措一詞，自然冰消瓦解。

二、《成實論》與《俱舍論》

弘與不弘，不在於法，全在於人，所謂：「人能弘道，非道弘人。」《俱舍論》現存有〈普光記〉，〈法寶疏〉，及〈圓暉疏〉，且又得弘唯識者兼弘俱舍，故俱舍興焉。今欲救成實之命脈，望海內外高僧大德，多作成實註疏，並宣傳講說，不到十年，成實自有人信仰，望有心弘法者努力為之！

三、善取空與惡取空

空名是一，空義亦同，而所不同者，在善取與惡取而已。何謂空？一切法（總括根身、器界、識心——乃至菩提，涅槃）《般若經》明八十一科，普通云十八界，即「相妄性真」四字已盡！因此空者，所謂性也，理也，真諦也。何謂善取？即雖明知性空，然「相」不可毀，明知理無，而「事」不可撥，事相者，即十法界之因果也。作佛因，得佛果，作地獄因，得地獄果，明乎此，則惡應努力斷，善應努力修，斷惡則免下墮，修善則可上升，「轉染成淨，轉識成智，轉有漏成無漏，轉凡成聖，轉眾生成佛陀，轉煩惱成菩提，轉生死成涅槃」，皆事相也，非理性也。故知事相屬因果法，理性屬非因果法，平等一如，此乃真、俗二諦，明乎「真」則一法不立，明乎「俗」則萬法全彰，學佛之人，若能明乎真俗二諦，如車之二輪，鳥之兩翼，不可廢一，即水起波，即波認水，雖理性本空，而事相絲毫不爽，雖常修利他萬行，而又常觀如幻如化，能如此，則學佛之道畢矣。否則，撥無因果，殊覺非是。

四、等覺果與妙覺果

諸經位次或開或合，無有一定，或云四十一位，或云五十二位，或云十二位，而楞嚴又有六十位。愚意：以彌勒現居等覺，次補佛處，觀音、日光亦然。且云四十一品無明，而《解深密經》亦有二十二種微細障，故知欲進妙覺，再斷一分生相無明，楞嚴云：如來逆流，如是菩薩順行而至，非無因也。

五、人我與法我

欲明斯義，先應以我字釋明：我者何義？實義、遍義、常義、一義。明白這個定義，就知道只要你執著根身是實、是遍、是常、是一，不明白一切有為法是「眾緣」所生，是假、是局、是無常、是和合的假相，就叫做「人我執」。換一句話說，就是執著這有情的身命為實、遍、常、一罷了！至於「法我執」，那範圍就更大了：如數論派執二十五諦為實有，勝論派執六句義為實有，二乘人執五蘊為實有，權教人執菩提涅槃、眾生及佛為實有，不能了達「圓滿菩提，歸無所得」的大道理，都叫做「法我執」。在我個人平常另有一種解釋，以為凡執著「整個」的實有，叫做人我執；凡執著「零碎」的為實有，叫做法我執。斯則「人我」不只指「根身」，亦兼「器界」。「法我」亦非但指「器界」，亦兼「根身」。例如「五蘊根身」。執「根身」為實有，此為人我執，蓋不知從五蘊假和合所成，二乘人已破人我執矣。然後執「五蘊法」是實有，此則名法我執，蓋不知五蘊法亦屬緣生是假，何實有哉？前者執根身整個為實有，名人我執，後者執五蘊零碎為實有，名法我執，此依小乘教義，固屬易知。至於器界外法，亦有人我和法我，此屬難知！例如：執一座整個的高樓大廈為實有，名人我執；能知大廈是假合所成，不執為實有，然執成此高樓大廈的——木瓦磚料——為實有，此名法我執，蓋不知木瓦磚料，亦屬緣生假合，何實有哉？故知「人我」不必單指「根身」，而「法我」亦不恆單指「器界」，此又一釋也。

六、斷常二見與非斷非常

何謂「斷見」？謂人死不復更生，一斷永斷，無復有善惡因果，故名邪見。何謂「常見」？謂人常為人，畜常為畜，無有轉變之理，則作善何為？作惡何畏？撥無因果，故亦名邪見。能知窮通得失，夭壽貴賤，皆由業所招，自識所現，則惡可努力斷，而善可努力修，是為非斷非常，亦名正見。

七、見分與自證分

吾亡友悅西法師曾作《菩提草》一集，非特指「證自證分」固無，連「自證分」亦無，彼所據之理由，謂宇宙萬有，只有「能知與所知」足矣。在能知所知外，更立三與四者，皆屬頭上安頭！吾當時亦贊同其說；後細研其立後二分之理由者，因欲建立「量果」故也。若不立量果，不但證自證分固無需要，實則連自證分亦不必另加矣！然則須量果歟？不須量果歟？課高明者下一斷語！

八、外五根色法與內意根心法

我以為守老十種意見書，唯有這個問題太大了。因為牽涉了唯識宗整個的經論。我以為四分之異義，係護法菩薩或窺基大師他們自己杜撰的也不一定，若說到前五根不是色法，意根也不是心法，那就非要把《瑜伽師地論》《雜集論》《五蘊論》《百法論》裡面的「主張」統統刪改不可，連彌勒菩薩，無著菩薩，世親菩薩，都在錯誤之列，除非說這種書是偽造，不是他們自己親造的方可；不然，將來彌勒菩薩，在龍華樹下說法，般定不能成立，否則非改不可！我雖然不是唯識宗的嫡裔，當然不必黨爭，不過他老人家把《楞嚴經》六種根性扯來一談，那就使我們不服了！

九、密意說與顯了

三自性，三無性，都是佛說的，這可打開《解深密經》來作證明；不但是佛說，就是論師也沒有不說，這可拿唯識三十頌便可知道。至於密意和顯了的來源，那是因病施藥的善巧方便，病癒了為止，並不是說三無性不對！先因眾生執有，所以用空去醫，後因眾生執有的病雖然是好了，又害起執空的病來，所以又用非空非有的藥去醫。古德說：「佛說一切法，唯度一切心，若無一切心，何用一切法？」假定沒有當時一班外道，執斷，執常，執無因，執自然，那麼，佛也用不著說什麼正因緣。又假定後來一班眾生不執有，那佛又何必無病呻吟的說空？因此，我們知道：因為一班眾生空執太重，事事撥無，所以佛才來在深密會上說非空非有的唯識教，如果不把《解深密經》完全推翻，那這三時判教，無論怎樣都是搖不動的，所以最好還是拿《金剛經》那三句：「如筏喻者，法尚應捨，何況非法」的話說，豈不是千了百當嗎？

十、有漏種與無漏種

守老於此，云無「種子」，推翻「因果」法則，我大不以為然！古人因一句轉語失當，墮五百劫狐狸身！可見善知識一言一語，難逃因果責任。

以上略抒愚見，尚祈守老與海內高明者有以教之！

《菩提心影：法教篇》收錄於《慈航法師全集（下）》慈航法師永久紀念會編輯出版，一九四七年四月

重建大陸佛教的芻議

緒論

中國佛教雖傳自印度，然因風俗氣候之關係，教義雖一秉佛說，而教制多有改變；今印度佛教雖已衰微，而錫蘭、緬甸、暹羅三處之佛教，尚可借鏡。故中國佛教，自唐馬祖創叢林始，千餘年來，全國僧伽之生活，皆以寺院田產為依賴；今既被共匪摧殘殆盡，即光復大陸，亦未必如願收復，此可以臺灣佛教現狀而證明者也。故今欲計畫重建大陸之佛教，恐必須有改換僧伽生活之制度，今試論於左：

佛教應當民間化

中國佛教，自有寺院田產以來，僧伽以安心辦道，固多足取；但與民間脫節，佛教不能普及於全國每一鄉村角落，使人民得知佛教之教理者，恐亦係原因之一。今趁此重建大陸佛教之機會，提倡僧伽民間化，使全國省市縣區以及鄉鎮村里，都有僧伽所至，設立佛教所，宣揚佛教教義，而利益民眾，非但正合佛陀出生度生之本懷，還輔助國家化民為善，與法律軍警文化教育並駕齊驅。正所謂：「人以食施我，我以法施人」又所謂：「財法二施，等無差別」是也。故建設民間化的佛教，此其一。

佛教應當大眾化

佛教文獻，在中國合集各種藏經，以及近代之著作，總數在萬冊以上，除專門研究佛學者外，對於一般民間之宣化，最好以佛教的三皈五戒十善四攝六度為統一的課本，即人乘之菩薩乘，最當此時之機，亦即佛陀說法次第之本意。人人果能以五戒十善之基而自利，進而修四攝六度而利他；將各鄉村原有之佛教小廟，組織佛教信徒護法會，請僧伽數人在此弘化，而僧伽衣食住用之生活費，建築在信徒護法會身上，則僧伽可專心一志自修及弘法，而在信徒亦可藉此供養三寶而種福田；其辦法如現今臺中佛教蓮社及鳳山佛教蓮社，使全國即娑婆而轉成淨土，人民向善，而國家自然太平，僧伽職志，亦在於此。所謂：「弘法是家務，利生為事業。」故建設大眾化的佛教，此其二。

佛教應當教會化

中國佛教制度，無論是法派或剃度派，小廟固屬變相之家庭；即選賢之叢林，亦只顧本身一寺而已矣。往者，外國人譏中國人是一盤散沙！其實，欲名副其實而稱為一盤散沙者，唯有中國佛教寺院，適當其稱！所謂：各顧各也。今後寺院既無田產，而法派剃派亦無人爭；最好，將全國所有佛教之「寺院庵堂」統屬於佛教會下（除社會之神廟）。指定：大寺院為佛教會會址，其餘的為佛教教育機關，文化機關，慈善機關。各佛教機關，坍以僧伽為領導，而以在家信徒為職員，僧伽合作，辦理佛事，果依此法，不但革除私我，而佛教辦事亦有人才，凡銀錢帳目一切事務，皆歸信徒管理，而僧伽居領導及監督地位，既無慢法之愆，且有敬僧之福；佛法大興，在此一舉，故建設教會化的佛教，此其三。

佛教應當教育化

佛教固然是一種理智的宗教，其實是一種真善美的教育；不過這一種教育，不像一般普通教育但著重於知識，並且注重於道德；有人光把釋迦牟尼當做宗教家，其實他也是一位教育家；我們看他五十年的工作，他沒有一天不是教人，到臨死那一點鐘，還是那樣滔滔不絕的講著。一般人把佛教當做宗教，他們以為佛教是著重於修養和道德，其實教育家就可以不必修養和道德嗎？試看：孔孟的教育就可以知道；由此，也可以知道近代教育失敗的原因，在什麼地方？佛教固然重在力行，我以為今後和一般在家人說法，我們不必把他們當作宗教式的學佛，我們可以調換一個方式，把他們當做教育式的學法。除了普通宣傳勸化一般人受三皈五戒，修十善四攝六度外，對於一般求學的人，專門授論理學的因明，和心理學的唯識，以及哲學上的三論，印度、日本、西藏、中國及各國佛教的歷史和地理，不妨仿學校式的招生報名收學費，再加上英文和國文，我以為有一部分人會來求學，這一種學校式的佛教風氣一開，不但把一般人的腦筋轉移——將宗教觀念轉成教育觀念，即僧伽的資格亦可提高，同時生活亦不難解決；聽說日本收費聽講，已有這種先例，我以為是很對的，使一班人知道學法不易，同時也可以由學法而進入行果，亦弘法之一種方便，故建設教育化的佛教，此其四。

佛教應當工作化

今後中國佛教的僧伽，既然沒有了田產的依賴，所以每個僧伽必定都要有工作，不但沒有從前那樣的雲水堂，即禪堂、念佛堂，恐亦不容許我們同從前那樣安心行道！故每人必有工作。僧伽數量減少，資質提高，其工作的標準，指定五處：一，會務，各級佛教會辦事。二，弘化，各處佛教所宣傳。三，教育，各處佛教學校當教職員。四，文化，各處佛教文化機關辦刊物編譯等事。五，慈善，各佛教慈善機關，如賑災及醫院中辦事。故僧伽工作，只可在佛教內部指導，及佛教信徒相輔，今後佛教事業既多，僧伽人才缺乏，用不著僧伽去織布，種田，以及去社會上做新聞記者及當教員，縱大學中聘請僧伽講印度哲學等等，亦須保存僧相和僧戒，否則，只可稱係佛教中一位正信居士可也，以免中國佛教踏日本佛教之故轍。故建設工作化的佛教，此其五。

佛教應當系統化

中國佛教的寺院過於散漫，而日本佛教的寺院過於隔別，兩者皆未得其中。今後重建大陸佛教，即依據五項事業為標準：一，辦會務事。二，辦弘化事。三，辦教育事。四，辦文化事。五，辦慈善事。其系統上下一致，即佛教會：由縣、市、省統屬於中國佛教會之下，其餘四種亦然。一則有系統可以節制，二則免分宗互相排擯。其五種亦相仿五院，名雖不同，而意義重大。會務，即佛教行政機構，其餘四種：弘化、教育、文化、慈善，即佛教工作機關，經費不必置不動產以惹麻煩；只臨時向佛教信徒勸募，試看：現今臺灣六種佛刊，哪一種有不動產做其後盾？而基督教辦教育，辦醫院，更可證明者也。故建設系統化的佛教，此其六。

佛教應當文藝化

今後僧伽凡足跡所到之處，小則設立佛教閱書室，大則設立佛教圖書館，任人閱覽，最好，訂立規則，收少數抵押金，可以巡迴借出，能夠到一處，即設立小規模的普通佛書文藝小叢書等流通處，推行佛化，以廣宣傳。故建設文藝化的佛教，此其七。

佛教應當慈善化

佛教教義，凡略具文字者，皆知佛教文獻之偉大不敢輕視！最令一班人生口實者，莫過於說佛教徒能說而不能行。其故有二：一則由耶教徒努力慈善事業，故佛教徒相形見拙，二則佛教徒多重修養，對於社會事業總怕麻煩，致令一般人說佛教徒多屬消極者。其實，耶教徒辦學校醫院等事業，並非牧師自己出錢，皆由耶教信徒合力捐助，而牧師不過為主辦人而已。此點，我希望今後佛教在家信徒多注意及之。凡遇佛教公共事業，應努力合作，其標準工作，即上面五種：佛會，弘化，教育，文化，慈善事業，集體而作，對國家，社會，人民，有利益的事業去做，不但合乎佛教慈善布施之教義，同時亦可博得社會人士之同情而讚譽也。故建設慈善化的佛教，此其八。

佛教應當律儀化

佛教的制度，本來是最注重律儀，即現今之錫蘭、緬甸、暹羅之僧伽，猶秉佛制。一傳至中國、日本之後一則因氣候之關係，再則因國情之演變，勢至今日，愈變愈遠，甚至而不敢提倡律儀者，偶或談之，已為人懷恨而成為眾矢之的，佛教至此，已離法滅不遠，凡有報佛恩之思想者，莫不痛心流淚！其補救之法：提倡在家學佛，嚴格僧伽出家，今試作一建議，以作改良佛教者參考。私意：主張今後之出家者：

一、年齡，在五十步以上，已過兵役時期，做出家後再不必荷槍殺人，違犯佛戒。

二、學業，既在五十歲以上者，據現時教育發達，大多數人均已受過大學教育，則人才國家已代佛教培植好，不必在佛教中由幼年出家者而栽培小學、中學，而大學。

三、職業，既受大學教育者，畢業後，一定在軍政學各界服務，其經驗豐富，不言可知。

四、五欲，在五十歲以上者，則在青年時期，五欲已受過，世間酸甜苦辣，已經飽嘗，娶妻生子，不過如是。且五十歲以後出家者，必另有其一番志願。

五、信佛，今後出家者，最好，由正信居士而轉為比丘，蓋在求學及服務時，期對於佛教早有深刻認識；不但已受三皈，持五戒，且在佛教團體中，兼做護法工作。對於佛教普通教義，早已多見多聞，通達明理了。

六、資格，在佛教中有這樣的正信居士來發心出家，護持正法，得佛教中大多數人贊成，我以為這種人來出家，在佛教中只有百利，而無一害，遠則弘一法師，近則律航法師，可為一證。其年齡已過兵役，其學識已受大學，其服務已有經驗，其五欲已苦飽嘗，其信佛已奠基礎，其資格已得眾人贊許，此等人出家，絕非從前一般人之動機，或因病致，或因貧乏，或因孤獨，或因失意。出家後則必精研三藏，工具已足，看破世情，道心大發，為護正法，努力宣傳。在本身，在佛教，在人民，都莫大利益。例如：臺中李炳南居士如出家為比丘，則佛教中四眾弟子，必至全體舉手贊成！故建設律儀化的佛教，此其九。

佛教應當革命化

中國佛教的舊制，如不改革，則重建大陸佛教，實無從下手。如：私人濫收徒眾，傳戒受戒而不學戒；還有上海、南京小廟的應赴僧，上海、寧波的馬溜僧，四大名山的小房頭，以及四大名山化小緣，剃派爭小廟，法派爭方丈，尤其是那許多無拘無束的馬路僧，他們專門代我們宣傳，縱有一萬個太虛、印光和虛雲這些老和尚們宣傳，也不及他們一個在戲院，在馬路上的力量來得大，這些佛教中的敗類，你若無法革除，休想談到重建大陸佛教！談何容易，沒有政府徹底來幫助改革中國的佛教，紙上談兵，有何用處？故建設革命化的佛教，此其十。

結論

在往年最歡喜寫文章鼓吹佛教革命，在南洋我辦的《人間佛教》月刊，可說是專門鼓吹佛教革命的機關報，而見過那刊的人一定會說一句是的。然而，到現在：一則環境不同，二則自己總覺得衰老了，三則談到佛教改革，就要惱人惱己，掛名的閉關，何必自討煩惱，故近來不但改革佛教的文章不願意寫——寫也無用，於是，即一般的文章也不歡喜提筆了！在好的方面說：保養太和，免生煩惱；在壞的方面說：我自己承認已消極退化多多了！

中國佛教會通知書和聘書在五月就寄來了，說要我寫一篇〈重建大陸佛教組織計劃書〉，我接到後，自言自語道無用！何必？故兩月來都忘記了！昨日閱國父第三冊演講集，在香港大學演講時說「他為什麼會有革命的思想」；我當時又回憶到大師所說的：「因為中國佛教沒有辦法，才要我們出來。」因打了這兩支強心針，才寫了這一點廢話，還請諸位師友原諒和指正！

《菩提心影：法教篇》收錄於《慈航法師全集（下）》慈航法師永久紀念會編輯出版，一九四七年四月

我對臺灣佛教的希望

佛教的宗旨，就是希望一切眾生，都能成佛離苦得樂。現在我們姑且把他的範圍縮小一點來說：先談談救人類，說到救，一定是有苦；假定沒有苦，那又何必要救？那麼，人類究竟有什麼苦呢？說起來苦真多，說也說不盡！就拿大家所熟知的：如老，病，死，愛別離，冤家會，求不得，天災，人禍，以及人類最大的苦——不滿足；試看現代人類的生活，哪一個不是在訴苦，訴窮，何況戰禍彌天的今日，這些苦大家恐怕都嘗試過吧？真是不堪回首！然而這些苦是從哪裡來的呢？這當然是因為有身的緣故！但是如果沒有這個身體的話，那麼這些苦痛，又加在誰的身上呢？老子說的：「大患莫若有吾身」就是這個道理的最好說明。

我們如果再進一步去追究：為什麼會有這個身體呢？天降的？不是。地長的？不是。人造的？不是。無因而有的？也不是。那麼，究竟是怎樣來的呢？這是從各人所造的業，所以由自己享其果。你造的是五戒十善的業，你便會受人天的果報；他造的十惡五逆的業，所以他受三途的果報；可見苦樂的果報，完全是由善惡的業而來的。

但是，假如我們再追問到，為什麼又會造業呢？那就是因為人的迷惑了！試問不迷惑的人會亂殺人嗎？會亂偷財物嗎？會強姦嗎？會騙人嗎？會法律嗎？可見作奸犯科的人，都是因為迷惑了，才會造業；造了業，就一定要受果報，這是事實告訴我們，用不著去幻想與證明。

然而，我們可以再追問一聲：人為什麼又會迷呢？這就是佛教所說的無明。無明就是不覺，不覺也就是愚癡。那麼，請問：不覺什麼東西呢？他們不覺作惡現生要受法律的處罰，死後還要去受更苦的果報，他們只顧眼前的快樂，不管將來的受苦，所以這就叫做愚癡。

佛教所以說能救人類的苦，不是那種頭痛醫頭，腳痛醫腳的普通醫生，而是一位聖醫，如果食下他的藥，一切的病都可藥到病除，這是什麼理由呢？試問：有了智慧，破了愚癡，還會造業受報嗎？如果沒有了這個身體，生尚且不可得，那裡還有什麼老，病，死的苦呢？一切苦都沒有了，這豈不就是佛教大慈大悲救苦救難嗎？

然而，要救度眾生的苦，第一個條件，就要首先令人信仰佛教；要令人們信仰佛教，那就非要廣大宣傳不可。宣傳的方法，也有兩種：一是口頭，二是文字。口頭宣傳雖是直接，但是不能及遠，文字宣傳，不但能普及遠方，並且能夠永存不朽。一本書只要沒有爛掉以前，那怕是經過了千年萬年，只要一遇到有緣的眾生，也會發生救苦的效力，這都是事實。但文字宣傳，最通俗的而最大眾化的，又莫過於創辦佛教雜誌，所以要令眾生離苦得樂，要先令眾生信仰佛教；要令眾生信仰佛教，又首先要創辦佛教雜誌，這是我對臺灣佛教的第一點希望。

佛學的四要素：第一是信，第二是解。解是了解。如果信而不解，人家便會稱他是迷信；也就是愚信；我們不要做迷信和愚信，而要做正信和智信。然而，要得到正信和智信，那又必須要有宣傳的人才。而這些宣傳的人才又從何而來呢？這又非創辦教育不可：有了教育，才有人才；有了人才，才能宣傳。所以我對於臺灣佛教的希望，第二點就是多多的創辦佛教的教育。

佛學的第三要素，就是行。有了信，又有解，如果不行，那是好像說食數寶，對於自己是毫無受用的；自己尚且不能夠自度，而還說要去度人，那真好像有病的醫生，只會給人家笑話；所以要想度人，先要自度。而自度的方法，就要嚴持戒律，也就是行；因為自己能夠嚴持戒律，不但自己能夠保持人格，不致墮落三途，就是說的話，也有人肯相信，接受。假定自己所行的和所說的不相同，人家聽了不但不能夠生起信仰，反而會被人誹謗，那不是自害害人，還說什麼救度眾生，那豈不是騙人嗎？所以我第三點就是希望臺灣的佛教徒，大家都受戒持戒，這也是度眾生最重的規範。

佛學四要素，除了信，解，行，前面已經說過了以外，現在要談談證字了。證是親證，也就是證果。古人說：「如人飲水，冷暖自知」，這就是證字的解釋。你證到了羅漢果，獨覺果，如來果，那只有你自己知道，騙人或者可以騙，要騙自己的心，恐怕很難吧？況且在這末法的時候，想證無漏的聖果，要想把一切貪瞋癡慢疑不正見，這許多煩惱要統統斷掉了，你去試試看，我以為這恐怕不容易吧？所以唯有一個最捷的途徑，就是「南無阿彌陀佛」心出口念耳聽，一句一句，清清楚楚，不緩不急，念茲在茲，行住坐臥，不離這個，行也念，坐也念，念到不念而念，念而不念，自己同佛，打成一片，不知道有能念的我，也不知道有所念的佛，念到了能夠佛我雙忘，生佛俱泯，自他不二，這就叫做證到了念佛三昧，不但是臨終時可以蒙佛接引，即現在也就可以解脫，這就是我對於臺灣佛教的最大希望，大家多多提倡念佛道場，常常打念佛七，把現在的臺灣變成極樂國土，這就是我最後的希望。謹以此寥寥數語祝貴刊佛壽無量！

《菩提心影：法教篇》收錄於《慈航法師全集（下）》慈航法師永久紀念會編輯出版，一九四七年四月

創辦臺灣佛學院宣言

宗教為社會文化重要部分，世界之大，人口之多，總其大端，不出五種：即佛教、耶教、回教，及其餘旁支宗教，並不信宗教之人是也。嘗聞世界人口之總數，佛教徒占三分之一，實非過語也。

試觀：錫蘭、緬甸、暹羅、尼泊爾、安南、日本、朝鮮等國，固以佛教為國教，即我國之西藏及蒙古，亦何嘗不以佛教為政治之中心，此有識者之所公認。不特此也，即新興之佛教，已擴展至歐美各國，蓋英、美、德、法，均有佛學會之組織，並有佛教刊物出版，佛教信徒有數百萬之多，即反宗教之蘇俄，亦有數萬人研究佛教，此潛在力量之偉大，誠非一般人所能逆料也。其故何在？揆其原因：際此科學風行之時，物質受用固已登峰造極；而精神不安，實屬難以寄託。一般有識之士，審其潮流，察其大勢，非有一無絲毫神祕之宗教，不足以安人心。其學說可以公開研究或討論，其目的可以平等達到並實現，故佛教學說正當此機，何怪乎無翼而飛，不脛而走，非無因也。

我國雖未以佛教為國教，然有二千年來之歷史，對於我國之文化，實有莫大之關係，且民情、風俗、習慣在在處處，對於佛教均有不可相離之勢！不過中國之佛教，曾被封建時代所利用，所謂：以神道設教，作愚民政策，吾人果能棄沙取金，將其帶迷信色彩之附庸品，一廓而清，則理智與人生有關係之學說，一躍而上；理智之佛學，將與三民主義，可以互相表裡；將見中華民族，為世界首屈一指，絕非迷信科學者，所能想像也。

我臺灣淪陷於異族人之手，五十年來固堪回首，然民眾信仰佛教尚未後人，雖一時曾被帝國主義者所利用，純潔無瑕之佛教，致蒙不白之冤！然亡羊補牢，猶未晚也。

我們教徒，果能一心一德，栽培弘法幹部人材，將理智正信之佛教，努力宣傳，使一般民眾對於人生佛教之哲理，深印於腦海中，則正心、修身、齊家、治國、平天下，猶如反掌。

際此赤燄橫飛之時，世界將無一片乾淨土，吾人應如何協助政府，重建新中國，則提倡佛學教育，實不可緩。同人等本此意旨，為國家計，為民族計，故有創辦臺灣佛學院之舉，所望愛國之士，凡有心提倡智育德育者，盍興乎來。

臺灣佛學院簡章

第一章　總則

第一條　本院定名為臺灣佛學院。

第二條　本院以研究佛事，弘揚佛法，啟發智慧，導人為善為宗旨。

第三條　本院院址暫設於臺灣。

第二章　組織

第四條　本院設董事會由發起人舉董事九人至十五人組織之，並由董事會推選常務董事組織常務董事會。

第五條　本院設監事會由發起人推舉監事五人至九人組織之，並由監事會推舉監事三人至五人組織常務監事會。

第六條　本院設院長一人，綜理本院一切行政事務，院長由董事會聘任之，設教務、總務各一人，由院長提名常務董事會聘任之。

第七條　本院經費由董事會籌劃之。

第三章　經費

第八條　本院經費由本院董事會經募之，其經募辦法，詳辦事細則。

第九條　本院經費由董事會指定銀行保管之。

第十條　每月收支報告須經由監事會審查無誤，由院刊公布之。

第四章　院務

第十一條　本院學僧正額定四十名，高中程度二十名，初中程度二十名，遇必要時得收旁聽生。

第十二條　本院學僧，全係出家男眾，年齡在二十歲以上，四十歲以下，體格強健，無不良習氣與嗜好，經人介紹並保證其一切行為，由本院考試及格後方准入學。

第十三條　本院學僧凡入學時，須填寫志願書及保證書，並二吋半身相片三張，保證金十元，至畢業時發還。

第十四條　本院肄業期限，暫定為三年，學膳宿費免收，每月津貼零用五元，教科書由院發給，參考書個人自備，旁聽生除免繳學費外，其餘一切均須自備。

第十五條　本院學僧，如違反院規，得勒令其中途退學，除沒收其保證金外，並追繳膳宿及津貼書籍等各費。

第十六條　本院學科分為：一、佛學，二、國文，三、英文，四、常識四科。

第十七條　本院董事會每學期開會一次，常務董事會及常務監事會每月得舉行聯席會議一次，如有特別事故，得臨時召開之。

第十八條　本院一切財政公開，預決算及所有院務須經開會通過後施行之。

第十九條　本簡章如有未盡事宜，經董事三分之一之提議，召開全體董事會議修改之。

《菩提心影：雜俎篇》收錄於《慈航法師全集（下）》慈航法師永久紀念會編輯出版，一九四七年四月

世界學僧會宣言

「英雄造時勢，時勢造英雄。」試看，如果沒有印度九十六種外道思想的時勢，我以為決對造不出釋迦牟尼佛出來；照樣的假定沒有春秋戰國的時勢，也是造不出孔孟這兩位老夫子出來；而孫國父同我們的虛大師又何嘗不然？國家戕喪了！佛教衰敗了！在這樣時勢之下，才造成這樣的民族與佛教兩位英雄。

「世風日下，人心不古。」國內的內亂是日劇一日，而國際的戰爭，又是到了一觸即發之勢！人心惶惶，憂憂忡忡，達於極點；凡有識之士，莫不竭其心智設法而挽救焉，況我佛教向以慈悲為本，救世為懷，際此千鈞一髮之時，豈忍坐視旁觀置之不顧耶？同人等有鑑於斯，故有發起組織「世界學僧會」之舉，其宗旨以挽救世界和平為目的，其範圍以整個地球為對象，其成員以全人類為中堅。何以言之？凡作一事必有其所達之目的，亦必有新對象，且必需有中堅份子為其原動力。「學僧」一名，其含義甚廣，由凡夫直至等覺菩薩皆在其內。不論國界，不論種族，不論性別，不論宗教，不論職業，不論老少，不論僧俗，凡在一個「救世主義思想」之下，有意加入本會為同志者，本會一致歡迎！共襄策劃，以利進行！火已烈矣，水已深矣，凡具仁慈之心者，切勿作觀望之態，自救救人，一舉兩得，何樂不為？否則，恐有城門失火殃及池魚之歎！「宜未雨而綢繆，毋臨渴而掘井！」使臨危之生命，打一枚強心針，或可挽救於一時。此乃組織本會之意旨，望我同志，加以反應！附列簡章數條，庶使準則。

附世界學僧會大綱

一、本會定名為世界學僧會。

二、本會以挽救世界人類和平為宗旨。

三、本會會址暫設於臺灣佛學院，一俟同志加入時得在各國設立分會。

四、本會先設一祕書處，設祕書長一人，負責往來一切文件。

五、本會會員，不論國籍、種族、性別、宗教、職業、老少、僧俗七眾弟子，凡贊成本會宗旨者，得自我介紹加入。

六、總會地點到相當時期得公開投票決定。

七、總會正副會長到相當時期得公開投票決定。

八、分會辦法由各國同志自由發展。

九、本會經費由各人隨意贊助。

十、本會章程一至公開增訂後本大綱作為定案以備參考。

要怎樣做一個今後中國佛教的僧青年

我常常看見一般老年人，或長輩們，指著一班年紀輕的人，或子弟們說：你們都是將來國家的主人翁！這句話裡面，包含了兩個意思：一個是自己慚愧的意思。他自己覺得國家還有許多大事沒有做，然而又因自己的年紀也大了一點，無論是智力和能力各方面，都覺得自己做不到了，所以只希望一班年紀較輕的人，或後輩們去做。還有一個意思，是勉勵人的意思：使對方青年人聽了我這句話，能夠警惕！知道自己對於國家的擔子是很重，不能夠做行屍走肉的勾當；知道國家有自己的一份，現在要發奮努力，將來對於國家，才可以負一分責任。世法既然是這樣，佛教又何嘗不然？所以我現在也照這樣套上一句：「佛教的僧青年，是今後佛教的主人翁！」其意義或者有一點不同，而內容的兩點意義（慚愧和希望）倒也差不多；請最敬愛的「佛教的僧青年」們，接受我這一份最敬的禮品！

既然知道今後的佛教，有自己一分責任，那就要想想：「要怎樣做一個今後中國佛教的僧青年」呢？在我以為最低的限度，要有下面四個條件：

其一、先要立志。假定一個渾渾噩噩，除了吃飯睡覺之外，一無所思。你想，希望這個人來擔當佛教的大事，那真是好像「緣木求魚」一樣的難！試看：過去的諸佛菩薩，以及歷代的祖師和一切的大善知識，那一位不是先發大願？最明顯的如：釋迦、藥師、彌陀、觀音、地藏……就是明朝蕅益大師的願文，看到也就要慚愧不已了！若問：要怎樣做一個今後中國佛教的僧青年？我很簡單的代答一句：「先立大志願。」我拿兩個例子來說明，或者容易明白。例如：一個很有錢的財主，他雖然很有錢，然而是一個守財奴，連自己都捨不得受用，試問：這種人有再多的錢，又有什麼用處呢？另外有一個人，他雖然家道不豐；然而他總是用他的手，用他的力，用他的口，乃至用他的全身，一天到晚，一年到尾，都是幫助人，為社會，為國家，為人群謀福利。只要他有一分力量，都是用在利益人群上。試問：上面這兩個人，為什麼會有這樣天地懸隔的行為呢？這就是有志願和沒有志願的分別。做一件小事，沒有志願尚且不能成功，何況擔當佛教大事？沒有大志大願，怎樣可以呢？所以立大志願，是佛教青年第一個前提。我平常看人，雖然重於學問和行持，還是以志願來決定此人將來對於佛教有多少影響？這是很可以預料的。或者中間不一定會變更，那不是環境或力量之不足所致！然而他最初發的大心，已經是播下了金剛種子，將來總有一天可收穫，不過是時間上遲早的問題而已。所以立大志願，是做人的第一個條件。

其二、以行填願。願雖然是發了，然而，終日空口說白話，說倒說了一大堆，行起來一樣也不行，這樣就會有人議論你是「放大炮」！反而引起許多人對你不信，使你要做的事不能成功。不但你發的成佛大願，不去修六度萬行，弘法度生，不能成功；就是你發的現生得果的解脫願，你不去努力的修戒、修定、修慧，你想現生斷煩惱，了生死，證聖果，那只算你自己哄自己罷了，與別人毫無關係。我看見許多青年人，開口都是說：我們行的是大乘（因為會說法利人），那班啞羊僧，有什麼用處？他沒有想到，除了佛菩薩以及過去的許多祖師，都是經過了潛修密證的工夫，以後才出人頭地。只拿民國以來，大家共知道的幾位善知識，如月霞、諦閑、印光、虛雲、弘一……以及我們的虛大師，這幾位老人家，決定不是單單會講講經，做做文章，就算是法師。假定我們僧青年，不是增上慢者，以為我們的口才和文章，都要超過他們的話，我們應如何努力向他們看齊！「弘法利生」固然離不了「語言和文字」，其實：「行持、苦行、慈悲」三大要素，才是弘法利生的先鋒。你如果不相信，我可講個笑話給你聽，包管你一定相信我的話。例如慈航總算賣力吧？天天口不離書，手不停筆，我這種工作，差不多的人都知道。試問：從民國三十七年來臺灣到現在，一共收了幾個皈依信徒？假定虛雲老和尚今天到臺灣來了，如果不把全臺灣所有法師的徒弟一網打盡，我才真不相信！真氣死人，我們辛辛苦苦，費了幾年的唇舌，才得一個半個，他只要全島巡一巡，就統統引走了，這是因為會講經、會做文章的關係嗎？我們雖然不是因為要收皈依弟子，而去裝模模作樣的閉眼睛盤腿子，然而僧寶對於佛法，實實在在是大有關係。出一位善和識能夠引多少人發心學佛，這不但當時為然，就是逝世之後，還有許多人在那裡追慕遺風（這有過去的幾位老人家的事實可以證明）。假定敬愛的青年們，不嫌我老冬烘的話，在練習「口頭和文字」之餘，應研究或討論應如何修戒、修定、修慧的三無漏學，這才是擔當將來佛教大事業者。諸大善知識已經一個一個都跑走了，以後這付「善知識」的招牌要掛在諸位門口了。並不是單單講講經，寫寫文，就算了事，而「聲望」是度生第一號的廣告。

其三、自利利人。現在一般青年人，他們對於利人的心，尤其是求學的心，實實在在比老年人要熱忱，我們只有慚愧和愛戴，我們說話要老實，也不要太把青年人捧得太高，害了他們一生；我們要互相規諫，共同勉勵，如兄如弟的一樣愛護！在我個人旁邊觀察的青年人，偏重於兩點：一是偏重於文藝，忽略了佛學；在我冬烘先生看來，這是佛教不好的現象！什麼理由呢？不錯，在弘法方面，有時候是要借重文字來幫忙寫作弘法，然而究竟我們的責任，是釋經解論；並不希望將來要做一位小說家，或文學家；假定你的造就，就是到達蘇曼殊那樣，試問：在佛教中又有什麼位置呢？在佛教中像蘇曼殊這種人才，誠如鳳毛麟角。如拿社會上來比較，那就多如牛毛了！況且不易得到這種天才。如果像：賢首、清涼、圭峰、智者、章安、玄奘、蕅益這許多古德，以及近代的太虛大師，他們這樣努力佛學，那對於佛學，以及自利利人方面，成就就可觀了。二是偏重於學問，忽略了行持，這也是佛教不好的現象！不錯！弘法是要有學問，如果缺少了行持，那如風中之燭，光明恍恍惚惚，不得安定！這只要反觀從前大陸上那班返俗的和尚，哪一個不是學問超人？結果，到了四五十歲的人，也難免重做人家的丈夫及父親。其病根在什麼地方？就是偏重於學問，而疏忽了行持。因為行持，是道心的表現，有了道心，腳跟才站得穩。假定把念佛、拜佛、誦經、持咒，以為是愚夫愚婦，無聊的舉動，我們可以斷定此人，將來一定會和那班返俗的人一樣。你不要以為返俗照常可以弘法，談何容易！做一個教員，當一位新聞記者，拿一點薪俸，忙自己，忙老婆，忙兒女，生活尚且來不及，那裡還有工夫弘法呢？有之，也不過和一般公務人員拿薪俸，去養老婆兒子罷了，那裡還談得上無條件的發菩薩心去專心一意的弘法呢？如果你不相信，你可發心去調查一下：那班返俗的人，現在在做什麼工作？所以我很誠懇的希望，最敬愛的僧青年，多加一點「佛學的油」，多打一次「行持的氣」，你這一掛載人的車，才可以保持久遠的行駛，不至於在中途失事！我這話請諸位不要誤會，並不說凡是僧青年都是這樣，不過勸勉青年們：有則改之，無則加勉。總希望佛門中，多出幾位像古德那樣的大善知識，來廣度眾生淨化人間呀！

其四、福慧雙修。試看單翼的鳥，無論怎樣是不能高飛；單輪的車，無論怎樣是不能遠走；若是獨腳的人，那非再上一條木棍是不能走的！可見佛也不能叫做一足尊，而一定要稱為兩足尊，也就是這個道理。我常常有這樣的一個感想：一個人缺了慧固然是苦，如果缺了福，那是更苦！因為沒有慧，不過是慧命不增；如果沒有福，這身命都難保！這很容易知道，一個人衣食住的生活都不能解決，你還想做佛教什麼大事嗎？所以修行第一個條件，就是要四聖命。試看羅漢還有空缽而回，佛陀的萬德莊嚴，究竟在什麼地方差別？這就是三大阿僧祇劫，用頭目髓腦，肢節手足，國城妻子，象馬七珍換來的啊！

在佛教徒注重慧，在世間人注重福，其實福慧是要雙修的。怎麼修法？我平常有一句口號：「僧伽模範生活。」每日禮佛，念佛菩薩聖號，持咒，受持一種經每日誦念，這是每日不可少的事，這是增長福的方面說。除此之外，閱藏經，或專門研究那一種經論的註疏。看到歡喜的，寫成短篇的散文，去投登佛教各刊，結結法緣；能夠寫作大部頭的講話，留作後人參考，那是更好，這是約增長慧的方面說。再加之事事自己多吃一點苦，多給人家一點快樂，最要緊的就是：「心地要慈悲，思想要純正，志願要堅固」，這樣埋頭苦幹它二十年，一到四五十歲的光景，福慧具足了，那時機緣一到，「不鳴則已，一鳴驚人。」要知道先須自利，然後才能夠利他。弘法利生，不是賣廣告那種辦法，是要「有花自然香」的精神。試看：印光、虛雲、諦閑，以及我們的虛大師，這些善知識，哪一位不是自己先埋頭苦幹了一回，然後才有今日香遍世間的結果。印光法師一生不要錢，而《印光文鈔》及《嘉言錄》，幾千萬本印行流通於世。虛雲老和尚一領破衲，而建築那麼大的道場四五個。我們虛大師一生兩袖清風，比人家幾百萬的富翁所做的事更多且大。太虛大師全書，現在還有人一本一本的代他出版，哪裡還要一樣一樣都要自己去做嗎？你只要把「珍貴」積聚起來，將來一定有人會同你傳播。寫到這裡，「要怎樣做一個今後中國佛教的僧青年」的問題，總算答覆了。俗語說：「不受一番寒徹骨，怎得梅花撲鼻香？」虛大師說：「佛法弘揚本在僧。」印光老法師，每見青年僧去請開示，他總是說：「你不要學大派頭。」這句話要代他下個註腳，意思就是叫我們：「不要學勢利。」所以我依據上面兩位老人家的遺訓，我也有一句自箴：「做個老實和尚。」今當《佛教青年》創刊出世，我也是青年之一，寫來不是給人家看的，是自己拿來照照面孔而已，以便多增加些慚愧！

《菩提心影：雜俎篇》收錄於《慈航法師全集（下）》慈航法師永久紀念會編輯出版，一九四七年四月

人生佛教

人生問題

今天是講人生問題，今夜又是舊曆除夕，所謂人生之過程，又少去一年矣！吾人在世；寒則衣，渴則飲，饑則食，究有何問題當討論歟？

雖然，苟吾人知覺已盡陷於睡眠或死之狀態，自甘度其醉生夢死之生則已矣！不然，則吾人生從何來？死歸何去？乃至外界之種種煩惱刺激，四時之寒暑遷流，能不無動於衷歟？能不思有以求破此迷夢歟？若不自甘作醉生夢死之徒者，則待討論之問題尚多，試略舉七項：

一、什麼叫做人？

二、怎樣生？

三、什麼叫做人生？

四、以什麼目的來做人？

五、做人有何價值？

六、不做人可以嗎？

七、究竟要做個什麼人？

一、什麼叫做人：何以謂之人歟？凡有頭目手足者謂之人耶？然則牛羊猴猩等，未嘗無頭目手足！或謂凡有靈覺者謂之人歟？然而除礦物植物外，其餘動物，固皆具有靈覺也。當知人者從「仁」，須具有仁義廉恥者方可謂之人，故孟子曰：「人之所以異於禽獸者幾希。」

二、怎樣生：生活問題之不能解決，已成近代高唱入雲之老調矣！然而吾所討論者，非此生活之生，乃生命之生；此生命之流，世人大多認為實有，殊不知「生」「住」「異」「滅」四相遷流，前念後念，過去現在未來，剎那變換，如演電影，如旋火輪，古人云：「交臂非故」。吁！「記得少年騎竹馬，看看又是白頭翁！」從白頭時而白歟？四十、三十而白歟？從騎竹馬而白歟？皆非也，當知從母胎中即已白矣。此生命流之時間，無始終，無窮盡，請觀下圖：

（一）

（二）

（三）

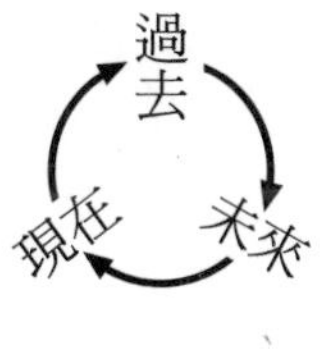

三、什麼叫做人生：人生之問題有二：一曰、生從何來？二曰：死往何去？

取長流之水而飲之，知其源發於高山，取珊瑚明珠而玩之，知其來自大海，然則今日兩手兩足，而賦有思想活動力之動物——人——其來亦有自歟？

曰：有之，請以告子。

吾人現前不常感覺有種種惱苦悲憂之刺激歟？

此刺激者，由於一種不能常住變幻不停之作用而來，此作用者謂之：

「死」。然則死自何來？曰：死時必經過一種髮白、齒落，或病苦枯敗之作用，此作用者謂之：

「老」。然則老亦應有自乎？曰：有之。當知無生則不老，有生必有老，此老法之來處曰：

「生」。然則生又從何而來？曰：負債須償，犯罪伏法，此生法之來處曰：

「有」。然則有法之生者又為誰？曰：人贈予以禮物，子必伸手接之，此伸手之作用，可代表有法之來處曰：

「取」。然則取亦應有來者？曰：可憎之物，子必不取，子所取者，心必愛之，此取之生者為：

「愛」。然則愛之生者為誰？曰：請子觀劇，樂乎？曰：樂！餐之以美味，樂乎？曰：樂！我今告子，此知樂之作用曰：

「受」。然則受之來處亦請明以告？曰：佳餚滿桌，但未入子之口，能知味乎？曰：不能。琳琅滿目，但廚門未啟，子能親乎？曰：不能。然則子亦應明受之所以能生者，當有一：

「觸」。介乎其間。然則生觸者又誰？曰：視「色」賴乎「眼」，聞「聲」在乎「耳」，辨「香」在乎「鼻」，知「味」、覺「觸」、了「法」，非「舌」「身」「意」不為功。夫眼、耳、鼻、舌、身、意，即觸之所基曰：

「六入」。然則又請示我以六入之生起者？曰：子投胎時，攬父母之赤白精血，識與物合，乃漸漸生此六結。此投合之分位曰：

「名色」。曰：厭惡哉！何以若是昏迷，甘願來處此膿血臭穢中？曰：此亦有來處，子現前睹美色之娟娟，不淫心躍躍乎？當日入胎時，四周暗黑，唯見於父母一幕淫劇。當父母出精血之時，由子前生所造之男女等業報，一念昏迷，因緣和合，遂墮此身，此之分位名之曰：

「識」。然則有人驅我歟？有主宰於其間歟？不然，何其不自由若此！曰：驅子無人，主宰亦無人。當知負財者憑契券以討取，犯罪者進牢獄以示罰；此契券與罪相，即子前生所造之業，當入胎時，四方暗黑，自然發生一種衝動之作用，名之曰：

「行」。或曰：生死之苦，我知之矣！敢問此行之根結何在？曰：此有一物名之曰：

「無明」。然則再祈教以無明之生者？曰：毋庸！此無明者，即生死之根本！攬「貪」「瞋」「癡」「慢」「疑」「邪見」等法為體，於過去理事不明，未來理事不明，現在理事不明，故令眾生流轉生死。若能遵佛言教，斷惡修行，功行漸近，忽爾如夢忽覺，臨互遇赦，至貧遇寶，則此根本無明永滅，無明滅則行滅，行滅則識滅，識滅則名色滅，名色滅則六入滅，六入滅則觸滅，觸滅則受滅，受滅則愛滅，愛滅則取滅，取滅則有滅，有滅則生滅，生滅則生死憂苦惱滅，諸垢既淨，則自心朗照，如如不動！

示圖如下：

十二因緣三世表

三世	十二因緣		因果
過去	無明	煩惱	因
	行	業行	
現在	識	苦患	果
	名色		
	六入		
	觸		
	受		
	愛	煩惱	因
	取		
	有	業行	
未來	生	苦患	果
	老死		
	（憂悲苦惱）		

四、為什麼目的來做人：觀上圖因果之理，故吾人應當認清善惡途徑，作有目的之前進。

不然，則吾人來此世界為：

食飯而來做人歟？為：

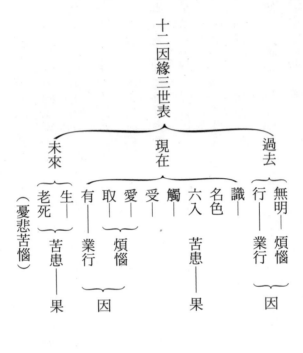

著衣而來做人歟？為：

住屋而來做人歟？則世間牛羊鷹鵲蚤蟻等，亦如是也。今試向牢獄中問之：君有何目的來此坐牢歟？噫！亦正猶吾人之無目的來斯世間受種種苦也——牢獄中人因犯罪故無目的，不自由而坐牢，則吾人因過去業牽，亦無目的不自由而來生也，其理甚明！譬如夜夢，夢見種種山河大地親朋戚友，我何嘗有目的令之變起耶？

五、做人有何價值：孟子曰：「生如行屍走肉，死與腐草同朽。」人生誠無價值可言矣！雖然，釋迦牟尼佛有言：「人身難得，佛法難聞。」苟能為佛法而犧牲，自然有人生之價值在。

六、不做人可以嗎：世人看破人生之無價值，類多消極而自殺，或因失意情場，或因其他刺激，故抱定一死，以快此生。姑不論其負自己、負國家之罪過，然果可以一死而永斷煩惱歟？當知不然！何以呢？蓋此身方死，而彼趣又生，避影存形，徒自欺誑！縱不信因果輪迴之理，然亦有因果輪迴之事實可以證明。試靜思之：即如現前之吾人，苟非此死彼生輪迴而來者，則世間人種，早已滅！乃至日月之臨照，暗而復明，排洩物之落土，復變為可食之物，長江之水，流而不竭等，是皆事實上之輪迴證明。故自殺一途，實屬不可！然則如何方善？當討論究竟做人問題！

七、究竟要做個什麼人：欲知究竟做人之方，當先識人心之相狀。心有二種：一者妄心，一者真心。然二心亦由眾生情執立名，實則非一非二，非真非妄。譬如捏目觀月，見月為二，當手揑未停時，固不可言月為一為二，亦不可信何月是真，何月是妄，然亦非無真月。

妄心者何？即吾人現在擾亂紛飛向塵境中貪取不停者是。若迷認為實，則隨逐貪瞋癡等，流轉生死無窮！

真心者何？即吾人本來不垢、不淨、不增、不減、不來、不去、不一、不異之心體是。此心朗然獨耀，如日月住空。照廁溝而不垢，照河海而不淨，故雖終日睹色聞聲，如鏡照像，不留痕跡。然此心如上月喻，並非離開妄心別有；傅大士云：「夜夜抱佛眠，朝朝還共起……。」一徒以眾生煩惱業纏，故須從人格地位上做起，使善增惡滅，乃能漸漸證得。

人格之人維何？可分作做現在未來人兩種：

斯二種人之履踐，法亦至簡而不繁，分解決現在生活與應世接物二者：

何謂解決現在生活？斟酌人之生活情形，除現前開支及將來兒女婚嫁費用外，留一部分作社會救濟孤寡及其他功德事業，是即謂作未來人。縱或經濟力量不足，亦當盡心力作利益他人之事業。

應世接物，不外乎父母、兄弟、親友、妻室、子女、鄰居、社會、國家、自身數者，茲列表於下：

待——
- 父母……
- 兄弟……
- 親友……
- 妻室……
- 子女……
- 鄰居……
- 社會……
- 國家……
- 自身……

要——
- 孝順
- 友睦
- 和善
- 慈愛
- 信義
- 親善
- 盡義務
- 負責任
- 克己

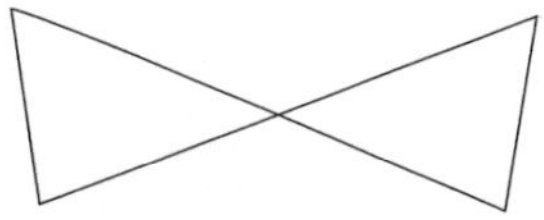

現在人　現前無諸仇怨　則現生安寧

未來人　未來無諸仇怨　則來生安寧

如上數者，至簡至易，苟能遵而篤實履踐，則善增、惡滅，自能直至菩提，所謂：「至美者不華。」茲再立一善惡業感果階級表於下：

佛　非增非減、非來非去　非善非惡、非垢非淨　非常非斷、非一非異

善業 → 菩薩、辟支、羅漢、天、人

惡業 → 人、修羅、畜生、神鬼、地獄

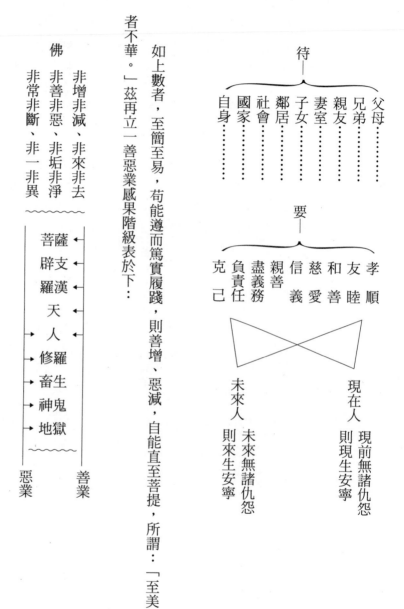

怎樣做人

我們學佛的人，不僅拜拜佛像，念念佛號就夠了；要知道佛的真義，並不是木雕泥塑的偶像就能表詮出來的。佛者，是「有大智慧、有大覺悟」的人，好像孔子、老子是大聖人一樣。但是佛並不是生下來就是一位大聖人，他在未覺悟之前，還是和我們一樣的，既覺悟之後，就不同我們這般癡迷了。所以我們要學佛，就是學佛的智慧，學佛偉大的人格。泥塑木雕的偶像，不過是一種象徵，為後人的敬仰、讚歎、紀念的一種表示與印象的寄託而已。

可是，我們要學佛的智慧人格，卻是不易，常常會有種種逆緣障礙阻止我們的，這些逆緣，大概說起來，計有八種，也可說是八難。那八難呢？

第一，人身難得；第二，中國難生；第三，六根難具；第四，佛法難聞；第五，明師難遇；第六，道場難逢；第七，良友難集；第八，信心難生。有此八種難，如是使我們長流輪迴，無有出期。現在把這八難次第解說如左：

一、人身難得

我們今生做一個人，自己看做是很容易的，覺得沒有什麼了不得；這種錯誤的觀念，恐怕大多數的人都不能免，殊不知人的壽命有限得很；有生以後，未死之前，忽忽數十年的光陰，一瞬就過去了，白白的在世間空跑一回，死後茫茫歸程，不知所之，真是可憐得很啊！但是覺悟的人就不然。他感覺到「人生如朝露」，不肯把光陰輕鬆地讓它放過去，非要覓得一個永久安樂的結果不可的；那就是二千年前印度淨飯王的悉達太子了。當他出遊四門的時候，看見老病死苦，回去就思念應如何才能了脫？如是就思念「人身難得」這句話，刻刻不忘，永遠的思念著。然而這句話在他固然是容易明瞭，在我們就很難很難！因為我們「醉生夢死」，沒有「克念作聖」的志願，終日盡做些起惑造業的事；一旦把人身捨卻後，或墮地獄，或墮餓鬼，或墮畜生，輾轉無間；所謂「萬般將不去，唯有業隨身」；又曰「善惡之報，如影隨形」；若是我們知道「人身難得」，就該時時存著害怕的心，不敢造作惡業，而致精進的求修淨業。要知求修淨業，在佛教裡講起來，最淺的就要嚴持五戒；五戒者：一曰不殺，二曰不盜，三曰不邪淫，四曰不妄語，五曰不飲酒。這五戒即與儒家所說的仁、義、禮、智、信五常一樣，是做人必守的基本條件。如此嚴持五戒，奉行佛教，淨業具足，庶不致辜負難得人身了。

二、中國難生

人若是生到一個寒苦邊境的地方，那真是淒苦極了；目不睹中原的文物，耳不聞淨妙的法音，善知識難逢，善友不遇，饑寒交迫，蒙昧無知，遑論修行淨業，恐善名亦不得聞！所以說：中國是不易生。換句話說，中國是法幢建樹知識如林的地方，現在我們雖說是生在末法，然猶得親近善友，獲睹佛法，這是何等值得慶幸啊！

三、六根難具

我們既得了人身，要完具六根，亦是不容易的事！有些人不是眼睛無光，便是耳患重聽，要眼明耳聰，也是很難的。六根者：眼根、耳根、鼻根、舌根、身根、意根是也。六根不具，即普通人所謂「五官不全」。

四、佛法難聞

人處在生死之中，如墮羅網，如沉苦海！佛法就是剪破羅網的利刃，安度苦海的慈航，何等值得貴重啊！但是我們苦惱眾生，終朝癡迷，把大好光陰，盡作無謂消遣，真是可惜！不信佛，也不拜佛，不聽法，也不研究，把大好的佛法，看作一種兒戲，這樣的人生，又有什麼意義呢？譬如貧人不識自身有寶，盡向外求，佛法在他面前，不見不聞，那真冤枉！即使見聞，或認為無足輕重，瞥爾錯過，那真是可憐憫者！千百年而一遇者，旦暮遇之，而旦暮棄之，傷心之事，孰有逾於此者！孔老夫子說：「朝聞道，夕死可矣！」真不誣也。

五、明師難遇

我們在這個社會上是很危險的，倘若遇一旁門外道，受他的薰陶，染受邪見，遂永縛苦惱中，無有出期。所謂「一失足成千古恨」，就是這個道理。可是選擇明師，是應當如何的慎重？現在我和各位介紹一位明師，就是二千餘年前的釋迦牟尼。這位明師，是久已棄我們而去了！而其遺教卻是長留至今。凡能循其遺教而行的，為人宣說的，這就是我們所應覓的明師。然社會上邪師是很多的，我們選擇時，就不可不獨具慧眼。

六、道場難逢

道是辨道，場是場所；就是說：辨道的場所難得難遇。什麼是道場呢？如講經、參禪、打七、講佛學開示的地方，都是道場。我們試想想：若不聽講佛學，怎能明白佛理？若不明白佛理，怎樣會修行？若不修行，怎麼會成佛呢？所以我們要學佛，第一就是道場不容易遇著。試看今日各地；講經和講開示的地方，真如鳳毛麟角；你們現在得遇道場，得聞佛法，這真是千生萬劫難遭之事，應當要生萬二千分的希有慶幸之想呀！

七、良友難集

就中國四萬萬同胞細察起來，誰不是奔波勞碌，求衣覓食，爭名奪利，有幾人能忙裡偷閒，兼修道業？就衣食稍裕的人說來，又有幾人不迷於邪教而能崇信正道呢？如我們這樣在一個嚴淨的道場裡結合，同堂學法，探討真理，恐不可多得吧！

八、信人難生

我們見聞佛法，能感覺佛法的好處，發起一種不可動搖的真實信心，實土是不容易的！甚至見佛聞法以後，信心也不易生起，這是智淺障重的緣故，也是期求淨業的一種大障礙。

我們看了上面這八種難，就知道學佛是不易了！雖然，這些難題，是有很多困難不易解決的，只要我們心力堅，志願切，也是不難克服的；所謂「一切唯心造」。一息尚存，此志不懈，希望各位學佛同志倍加努力！

《菩提心影：人生篇》收錄於《慈航法師全集（下）》慈航法師永久紀念會編輯出版，一九四七年四月

怎樣才叫做一個完全的人

今天要講的題目，叫做：「怎樣才叫做一個完全的人？」諸位不要以為我們做人已經做了幾十年，還不會做人嗎？不錯，諸位雖然做了人，同時要想到豬呀！狗呀！牛呀！馬呀！和許許多多的禽獸不是人的東西，它們是多麼可憐啊！所以我們要知道：能做到一個人，是很不容易的。佛經上常常說「人身難得」，就是這個道意思。若要果能來生不失人身，那就要把戒律持得好好的，如果把戒律破壞了，把人身失掉了，這是最可憐的一回事！以要做一個完全的人，第一是要持戒。

戒持得好，來生仍然可以做到一個人；但是問題又來了，你看：世間上有許多人，沒有飯食，沒有衣服穿，沒有房子住，有起病來，沒有錢去醫，這是多麼的苦呀？雖然是頂了一個人頭，其實他的苦，真不是人可受得來的！若要來生豐衣足食，做一個完全的人，這就要布施。

人也做到了，錢財也有了，如果五官不全，醜陋殘疾，有了手，又沒有腳；有了眼睛，又缺了耳朵；瞎子呀！聾子呀！啞子呀！你看：這是多麼的可憐！有佛像看不見，有佛法聽不到，有話說不出，佛經上說：「盲聾瘖啞」，也是八難之一；要得到六根完具，相好莊嚴，使人一見就歡喜，這是要忍辱。並且要常常供養佛法僧，待一切人，要恭敬禮節，柔和謙讓。佛經上說：「今世人見歡喜者，前世見人歡喜故。」明白了這個道理，我們對於一切人，要謙恭禮節，切切不能我慢貢高，看人不起，動一動就發脾氣。所以，做人的最好方法，就是忍辱。

人也做到了，錢財也有了，相貌又莊嚴，但是精神打不起來，不是今天說頭痛，就是明天說肚子痛，三天發一回燒，五天發一回冷，一年到頭醫生不離門，藥罐子不離手，差不多一年三百六十五天，天天都是喊著有病，你看這種人，雖然是有錢，相貌好看，但是這種病苦，不是人可以受得來的！若要得到無病無痛，第一就要精進修行，不要懈怠。惡的方面要努力去斷，善的方面要努力去修，凡是有利益人的事，要努力去幫助人。其次要戒殺放生，要食齋持戒，要多多禮佛持咒，多求懺悔。這樣做去，不但不會短命，連病苦也會沒有了。所以要得到精神康健，這就要精進。

人也做到了，錢也有很多，相貌也莊嚴，精神也康健，但是心不安定！本來是沒有大事，他以為天要塌下來一樣，坐也不安，立也不安，飯也食不下，覺也睡不著，一天到晚好像害神經病一樣，弄得神魂顛倒，不但令人家討厭，就是自己也覺得難為情了！這是什麼原因呢？這就是因為沒有多修養。若要免除這種神經錯亂的毛病，這就要多念佛，多持咒，最好是把兩隻腿盤起來，眼睛閉起來，常常打坐，閉目觀心，參禪看話頭，久而久之，就會成一種三昧，這就叫做禪定。

上面五種雖然是具足了，但是太愚蠢，讀過了三年書，使自己的名字還不會寫。問他的父親叫什麼？他說我的父親叫做父親。問他的母親姓什麼？他說我的母親姓母。問他自己今年幾歲？他說去年十八歲，今年十七歲，明年是十六歲！你看這種人，雖然是有錢，相貌好看，體力又好，究竟有什麼用處呢？所以我們要得到聰明智慧，就要常常聽經，因為佛經裡面的話，都是令人開智慧的。尤其我們是中國人，要讀中國書，認中國字，如果中國字都認不得，佛經裡面許多的道理，我們怎麼會懂呢？所以要想做一個完全的人，就必須要曉得：

一、如果要保持來生不失人身的話——就要學持戒。
二、如果做了人，又要豐衣足食的話——就要學布施。
三、如果做了人，要相貌莊嚴的話——就要學忍辱。
四、如果做了人，要精神康健的話——就要學精進。
五、如果做了人，要身心安定的話——就要學禪定。
六、如果做了人，要聰明智慧的話——就要學般若。

我們要做人，要成佛，都不能離開這六種波羅蜜。其實說是好像容易，如果真正要做成一個完全的人，那就非成佛不可，其餘的人都不能算是做到完全。

好了！怎樣才叫做一個完全的人？這個題目，總算講完了，現在再講一個故事來收尾：

從前有兩個出家人是師兄弟，師兄歡喜修行，坐禪和持戒，後來證了四果阿羅漢。師弟歡喜布施，做求福的事情，但是戒行不清淨。後來師弟死去做大白象，因為印度國王，用象去打仗，叫做象軍。後來皇帝打仗打贏了，這白象有了功勞，國王封了牠一個地方，所有租稅收入，都是拿來供養牠；住的是金殿，食的是上味，佩的是寶飾瓔珞，這總算福氣好了！後來有一天他的師兄——這位羅漢——出去托鉢，空鉢而回，經過這象的地方，知道牠是他的師弟墮落做象。他說：師弟！你雖然是有福，住的金殿，食的上味，佩的金銀珠寶瓔珞，但是墮落了做畜生，我雖然證了阿羅漢果，但空鉢而回，這都是我們二人的缺點，最好是「持戒」「布施」二種都有才好哩！

《菩提心影：人生篇》收錄於《慈航法師全集（下）》慈航法師永久紀念會編輯出版，一九四七年四月

佛學與人生之關係

發端

本日之講題，為「佛學與人生之關係」。吾人在佛學會中，而講佛學，固屬正理，然何以涉及人生關係？余意謂佛學之價值，在其能闡明人生之真理，返妄歸真，斷迷證覺，以純正的說理，對治人生的癥結，使人群咸得其益；則是「佛學」與「人生」之關係並立焉。

人生的煩惱相

吾人既認為佛學為破迷指悟之學，彼所謂迷信者，固迷者自迷，余茲不欲多辯，請先申說人生的煩惱相。

人生二字，含義頗廣，今用鳥瞰法，觀察人生色相；色相既明，即人生之意義亦可明了。據佛家觀察人生色相，即「煩惱相」是也。此煩惱相，姑名之曰：不良的現象。無論個人、家庭、社會、國家，以至全世界，均為此「煩惱相」表現之場所。換言之，即煩惱有普遍義；以煩惱充滿人間，非限於局部者也。

佛學謂「根本煩惱心所」有六種，人生不良之現象，依此根本煩惱心所而生，茲列舉如次：

貪、瞋、癡、慢、疑、不正見，此六種煩惱心所為一切煩惱之根。若隨根本煩惱而生者，名曰「隨煩惱心所」。其數有二十：謂忿、恨、覆、惱、嫉、慳、誑、諂、憍、害；無慚、無愧、惛沉、掉舉、不信、懈怠、放逸、失念、散亂、不正知。二十種隨煩惱，連根本煩惱：計有二十六種煩惱。敢問諸位自身，有此諸種煩惱之不良現象否？有則改之，無則加勉！若余自問，即有二十七煩惱！云何余有二十七煩惱呢？蓋二十六種煩惱，余既一一具有，即得一個煩惱「總相」，多加此煩惱總相在內，即成為二十七數。余之學佛，為遣此故；諸位之研究佛學亦為遣此故。真不能不下大決心，將諸不良的行為，改為良的！即以「不」字遣之：如「忿」改為「不忿」，「恨」改為「不恨」是。以下准此。夫既有此不良之煩惱相，依相對的理論而言，亦必有所謂良者在，方合道理。佛曾開示吾人，善心所有十一：信、慚、愧、無貪、無瞋、無癡、精進、輕安、不放逸、行捨、不害。此十一種善心所，即人生優良的心理現象，以此良的，對治不良的。是改造自身、家庭、社會、國家、世界的正當方法。以此心理的改造為原動力，進而改造外境。人生的意義，方見真實。唯欲改造自家心理，使不良的成為良的，當由佛學悟人，可見佛學與人生的關係至為密切。

平等的人生觀

又次，今有人言，人生之缺憾，由不平等故。若能實現平等義諦，打倒種種不平等的世法，即人生之意義，自見充實；言雖有理，未免含混。蓋唯言「平等」二字，以之語人倫，為人倫平等；語智識，為智識平等；語身體，為身體平等；此即不合道理！

謂人倫平等，即「子」與「父」平，人必駭愕，以其違反倫常故。謂智識平等，即「下愚」與「上智」平，何來聖凡之分？其取消「智」度，無信可徵。謂身體平等，即高下長短之二人身，何能強為「斷」「續」，使得其平，是必違反生理。故余以為平等二字，不能亂用。依佛家眾生平等說：以「心地」平等，為真平等，為根本的平等。《楞嚴經》云：「若心地平，一切皆平。」此言說出平等之真義，固吾人所當深思者也。然則心地平等，其義云何？曰：父以善心待子，子以善心待父，己不欲人之加諸我者，我亦不欲加諸人，父子同此善心，是二而一，強名之為父慈子孝，是一而二。然既同臻善境，已得其平，此謂之心地平等一也。聖賢以善心觀凡愚，凡愚以善心待聖賢，二者同此善心，臻於善境，已得其平，此謂之心地平等二也。一家如是，一社會如是，全世界如是，平等平等，名之曰：平等的人生。然欲實現之，非具有佛學素養不可，則佛學與人生的關係，已甚明矣！

從佛學上得到人生之斷案

吾人從佛學之觀點，欲知世相究竟，必先知有情聚之來緣，即對於十二緣起論中由識而有名色，由識生則名色生，由識滅則名色滅；所云滅諦，當深切了解於此也。一切種子，皆在第八識中，無始以來，種生現行，現行重熏種子，種復引種故，以致生死流轉無盡。所謂有情聚，只是此生死流轉無盡中之假和合，祇是自心造作耳。然「心」釋為「佛性」，一切眾生有心聚，即一切眾生皆具佛性。在佛性上無分自他人畜，乃至人類生死、世界成壞，苦集重重，我執、法執，等等俱遣，大澈大悟，依妄返真，其性如如，是即人生之究竟觀也。

《菩提心影：人生篇》收錄於《慈航法師全集（下）》慈航法師永久紀念會編輯出版，一九四七年四月

佛教的人生學

諸位！要知佛教比耶教先到中國。而如今佛教卻中落了，耶教則興盛，其故何在？因為耶教徒肯努力宣傳，佛教徒則墨守成規，終日參禪、念佛，祇忙著自度的工作。所以佛教到今日幾至汩沒，就因佛教徒不肯負起責任來弘法之故。所以今後凡是佛教徒，應當個個都要負起發揚光大佛教的責任，佛法才會興盛起來。但弘法應先明瞭佛學成為一種學說，方能夠實行宣傳工作。

「學」者，倣傚之義，如小兒學說話，學走路，學寫字。此學字是摹倣他人的行為之意，在已所不識不知者，皆須從學而得。

在佛教中「學」屬自覺，「說」屬覺他。故能自覺後才能覺他，始為「學說」之義；亦可如我前日所講的宗教觀。教是教化，湊起來講，則凡是一切學說都有宗旨，有教化，即將學說二字擴大來說，如我說的宗教之定義亦無不可。無論那一種學說，當然老早已定好了宗旨，秉此宗旨方能立說的。如沒有宗旨的話，則是胡說亂道。譬如行船必先確定目的地，然後以指南針照著既定目的之方向駛去，若無目的地，和不先知方向，亦猶如「學說」之無「宗旨」也。

學——自覺——宗旨

說——他覺——教化

學說二字講完，現在講各種學說。大凡世界上的學說，最要緊的就是人生問題之學說。我們是人，故注重人生問題之學說，講學說都以人生學說來作標準。茲舉切近人生的學說來講。但因時間關係，不能泛論各種學說了。

第一哲學：哲學在西洋叫做愛智學，其意義為研究宇宙人生問題從何而起，歸宿何在？哲學的名辭甚多，我只講人生哲學。什麼叫做哲學？簡單說一句：就是凡研究宇宙人生問題的，就叫做哲學。佛是什麼？佛學是否研究宇宙人生問題？我說不單是研究，而且已徹底的明白了解。這在前天講宇宙人生噩題中已說過了。所以佛學是最徹底、最真實、最高無上之哲學。

第二宗教學：什麼叫做宗教學？人生為什麼要宗教？最普通的宗教，如耶回等教，非是我說的宗教觀的宗教。講人生問題的，即為人生宗教學。就是說一個人，為什麼要來做人，不做人可以嗎？要做怎樣的人？宗教是研究人生問題的，故為人生宗教學，其解答是為要做一個好人。所以人生的宗教，是叫人做一個良好的人。因而成為良好的家庭，以及形成良好的國家和世界，結果就成為人間的天堂了。而佛教是否單講做人，不說人以上的境界呢？要認清楚做人的人乘，不過是五乘中之一法。在佛教中，所謂五乘：

一、人乘

二、天乘

三、聲聞乘

四、緣覺乘

五、佛乘

佛教教人做好人，是以五戒十善為基本。若人人能持五戒、行十善，結果自然會實現人間淨土了。唯獨有人以為五戒中的不殺戒，說是足以亡國，會被外強侵略的。倘果有其事的話，難道我們不抵抗嗎？此人目光是集中在第三聲聞乘上，聲聞所修習的是出世間法，人乘是世間法。這殺戒，是叫你們勿亂殺而已，若是亂殺則違反人乘的戒。若人人如此，則有良好的家庭，乃至有歌舞昇平氣象的國家。如果能夠受持五戒、勸行十善，馬上就可以享到人生真正的安樂。如此講起來，佛教是最高超的人生宗教學了。

第三科學：科學是什麼？簡單言之：即是分科研究的意思；又叫分析學，即分析研究事物之謂。如天文、地質等之分科專門研究，故總名曰科學。科學不同哲學者，乃因哲學重理想，科學重實驗故。科學是不重主觀而重客觀。以上舉三種學說，科學最要者是分析，宗教最要者為團結。單有分析而無團結，則無實用；單有團結而無個體，不能成物。如粉筆單有粉而不能團結，則不能用以寫字；若單有團結而無粉質，粉筆也是不能成的。所以世上只有兩種學說：一是分析的科學；二是團結的宗教。要知分析與團結之中，須藉哲學為之媒介，故哲學又是不可缺少的。科學最要者為分析，對於宇宙萬有（法）的分析，可說已是詳而且盡。故科學在現世學中已是最高的一位了。可是佛學乃是最細微的分析學，較之科學更加無量倍以上。何以故？佛學將宇宙萬有法分作二類，今略表以明之，足見科學是趕不上佛學的，可為一證。

- 宇宙萬有法（百法）
  - 有為法
    - 心　法——八
    - 心所法——五十一
    - 色　法——十一
    - 不相應行法——二十四
  - 無為法——六

因科學的分析法，僅能分到第六意識，七、八二識，名字尚不知道，遑論其分析！且佛學之心法是精神的，科學的色法是物質的。可是世人未知佛學是具有最微細的分析法，無怪說佛學不適用於世啊！

第四政治學：政治這個名辭，完全是人間的。「政」就是眾人的事，「治」是治理。現在的政治學，祇能治理個人的家庭，及眾人的社會、國家的事，但不能治理其心。治心的學說，雖有儒學，所謂「心正而後身修，身修而後家齊，家齊而後國治，國治而後天下平」，這一套基本大道理。然而佛學是最能治「心」的，較之儒學更為徹底，故可說是世間最高的政治學。

第五法律學：法律是規則的意思，法者事也。所謂「不以規矩不能成方圓」，政治之優劣，須看法律之有無而定，欲知其團體之隆替，亦須詳省其規程而明悉。然佛教是否法律學？佛學有戒律，猶國家之有法律。佛教人乘中的五戒、八戒，就是佛教的戒律，是要由各人自動的遵守著。凡能持五戒，對於國家法律絕對不會觸犯的。所以佛學中之律學，是最好的法律學。

第六軍警學：其意義為防非止過，但是軍警們只可防有形的國家、社會、家庭，而不能防各人無形的心也（非身中的心臟）。《楞嚴經》中七處徵心，心尚不可得故，如何能防？是故軍警絕不能防心的。

第七倫理學：倫是人倫，即儒家之五倫是也。佛教是否倫理學？佛教講倫理學的，有：《大乘心地觀經》、《善生經》等，但他說到倫理一層，比較世間倫理又超一等。

第八論理學：論理者，即說話要有規矩，方足與人辯論也。現代的邏輯學，亦不及因明之詳審精密，故佛教的因明學，若看通了的話，無論在千萬人中辯論，也是不會輸的。故佛學的因明學，又是最高的論理學。

今日所舉八種人生學說，是人生必修的學說，是缺一不可的，關係人生最為重要，望努力精進，佛教前途，才可能一旦比一日的光大。現以時間問題，只略講得八種了。

《菩提心影：人生篇》收錄於《慈航法師全集（下）》慈航法師永久紀念會編輯出版，一九四七年四月

建設人間淨土

諸位！我今天的講題，是「建設人間淨土」。什麼叫做淨土？就是清淨莊嚴的勝妙國土。再把它說明白一點：就是一種極良好的社會，或優美的世界。平常我們研究佛經早已知道了：從我們這個娑婆世界經過十萬億佛土的路程，那裡有個彌陀教主在極樂國土說法教化眾生。其中百寶莊嚴，富麗堂皇，過著極樂優越無比的生活。世尊的聖教，賜予我們真確的認識，這是毫無疑義的！但從未聽說過有一個什麼人間淨土的存在？你看：目前人間所曝露的一切罪惡，那一個不是悽慘的鏡頭。處處充滿了欺詐、虛偽、殘酷、鬥爭……，戰雲密布，危機四伏，人們終日在苦海愁波中掙扎殘喘著，何處覓得著一塊安樂的淨土？你雖吶喊建設人間淨土，是不是等於痴人說夢！對的，現在正為了要拯救補償人類的痛苦和缺陷，所以才拈出這個「建設人間淨土」的課題來和諸位研究。我們首先要弄明白：淨土並不是自然而成的，也不是「神」所造，還是出於人為的。拿西方燦爛莊嚴的極樂淨土來說吧，也就是阿彌陀佛所發的四十八大願與念佛的眾生交織而成功的啊！「心淨則國土淨」，可見人人皆有創造淨土的本能，只要能毅然的把這一股潛力發揮出來就成功了。那麼，怎麼才可以建設人間淨土呢？不外以下的五個基本條件：

第一不亂殺：亂殺實在是造成世界大戰的主要因素。不相信嗎？假使你無故的殺過來，我再胡亂的殺過去，這樣拉鋸式的殺來殺去亂殺一頓，血肉橫飛，腥臭遍野，這樣還成一個什麼樣子的世界？那簡直成為瞋恚鬥爭的修羅世界了！何能譽為文明進化的人世呢？所以亂殺實在是要不得的！那麼，完全不殺可以嗎？「過猶不及」，一概不殺，在人世間也不是個辦法！因為在還沒有真正實現人間淨土以前，人們的行為，到底還是良莠不齊、善惡懸殊的，為了除暴安良殺一儆百起見，在萬不得已時，那一班害群之馬，仍應以國法制裁的。能夠做到不亂殺的地步，人類彼此的感情，自然就能和睦親密起來，而打破以往的一切猜忌和仇視。再把這仁愛的心理擴大起來，不但為萬物之靈的人類不應互相殘惡的亂殺，就是對那些蜎飛蠕動的微細昆蟲，也不可以強凌弱地無故傷害！「天地有好生之德」，一切生物的形軀，雖然是大小各殊，但貪生怕死的靈知，卻總是不二的。我們應當懷著同體大悲的惻隱之心，時時加以愛護，使他們微弱的生命，皆能得到安全的保障。因為實踐護生戒殺運動，才是徹底促進世界和平、建設人間淨土的基石！「欲知世上刀兵劫，但聽屠門半夜聲！」不惜物命，殘酷亂殺的劊子手們，對這描摹得淋漓盡致的因果律寫照，能不加以猛省嗎？極樂的人間淨土，是要建設在人類慈悲博愛的心靈之上的，所以第一個條件是不可亂殺。

第二不亂取：教書拿薪俸，做工取工資，當兵領軍餉，說法受供養……，以自己的技能和勞力換來的一切物質，這是各人汗血的結晶，皆取得正當合法而於心無愧的。若不守本分的無功不與而去亂取，甚至詐騙、強劫、搶奪，這些損人利己不惜犧牲道德人格的越軌行動，其實就是蠶食鯨吞攻城略地的野心家底縮影。世界的紛爭，社會的擾攘，皆由於無恥地亂取所致！所以要建設人間淨土，必須清心寡欲，去除得隴望蜀、欲壑難填的貪心，並且更進一步的倡行慈善事業，以利世救人，人人若能做到互惠相讓，大家必得知足常樂之果。自然再不會你搶我奪的，而安穩地步上和平幸福的人間淨土了。

第三不亂淫：人皆是由父母所生，所以父母是延續生命之流的泉源，為了繁榮自己的國家和民族，以及祖庭的傳宗接後，所以夫婦雙方正式的婚配，以世法的眼光看來，仍然是天經地義的；但非禮的亂淫，是最無恥不道德的獸行！那個人沒有母姑姊妹呢？若不顧倫理的範疇而無恥地互相亂淫，這豈止是成為一個禽獸的世界？「萬惡淫為首」，要建設人間淨土，必須制止非禮旁越的邪淫，行以正情寡欲的禮節，視人家的婦女作親生的慈母和同胞的姊妹想，則目前淫穢不堪的濁世，自然一變而為清淨的國土了！

第四不亂講話：言語是人們心理狀態的表現，正當的話當然還是要應時而講的，但是無益的話，絕對是不可以亂講的。例如：惡口罵人，妖言惑眾，挑撥是非，欺騙撒謊，花言巧語，諷刺譏誚……種種無益的話，皆是破壞感情而於自己他人不利的！要得人類彼此的感情交流，皆要水乳相融地親密起來，必須遵守不亂講話的戒條，而廣行愛語慈顏。古人說：「一言可以興邦，一言可以喪邦。」又說：「一言既出，駟馬難追！」由此可知不亂講話的重要性了，假使人人皆能忠實地在憑良心發言、行事，自然可以實現人間淨土！

第五不亂飲食：飲食，是維持人生活動的必需品，但除了每日正常的飲食以外，再不可貪圖那些無益於身心的東西了。如菸、酒、鴉片、嗎啡……這些富有刺激性的麻醉品，皆不可以亂吃！若亂吃了，不但妨礙衛生，精神萎靡，並且弄得傾家蕩產，一敗塗地。人間淨土是要精神抖擻、人格高尚的人來共同建設的，毒品是萬萬不可吃的！所以不亂飲食，也是建設人間淨土的基本條件之一。

佛陀當年雖說法四十九年，談經三百餘會，但是如果把所有的法寶歸納起來，只不過是在說明「善」與「惡」兩者的分野，其目的在指導人生應如何的改惡修善，以完成偉大圓滿的人格。上面所講的五戒，便是令人改惡歸善的指南，也就是建設人間淨土唯一的基礎！諸位要知道這五戒並不是佛教特有的作風，其實也就是國家政治法律所共同努力的對象，其目標只有一個，不過因立場的不同而改變方式罷了。

世界的不安、社會的紊亂，皆因亂殺、亂取……所致，要想建設人間淨土，非要從五戒入手不可！一人能實行，則一人得平；一家能實行，則一家得平安；乃至一村，一鎮，一縣，一省，一國能實行，則皆能得平安，全世界各國皆能奉行五戒，那麼，人間淨土的實現也就指日可待了。

《菩提心影：人生篇》收錄於《慈航法師全集（下）》慈航法師永久紀念會編輯出版，一九四七年四月

佛教與社會之關係

社會是什麼？社會是大多數民眾有組織的一個假名，空空洞洞的，今畫一個圓圈就可以代表它，同時也可以代表一個國家，因為國家就是社會產生出來的。你們知道國家是什麼？國家是有界限的，大小不一定，在此四方圈內藏個或字，便成了國字，就表示著一個國家或大或小不一定之意。何故說或大或小呢？如五胡十六國時代，我國則分為十六個國，以十六個國來說是小，以整個中國來說是大。又如春秋列國時代的國是小，到秦國統一起來就是大國。換句話說：分散開來便是小國，統一起來便是大國。譬如現在的二十二行省，如以省作為國的界限，分開來說便是小國，合起來便是大中華民國。國字之內，加個王字，就是代表帝制主權的國，而今民國的國字，裡面是安個民字，就是表示我們今日的國實行民主政治了。

我們一方面學佛，一方面也要趕上時代。否則就要被人罵我們是在開倒車，或說我們是超出國家範圍以外的人，認為與國家社會毫無關係。但有一般少數和尚、尼姑，不明白這個道理，往往亦自視為方外人，對於社會國家完全脫了關節。在表面看來，這種說法似乎可以提高自己人格，但仔細研究起來，這種落伍思想確是要不得。茲將方外二字解釋一下。方者四方，就是國字之四方圈，假使自認為方外的人，豈不是自認為國家以外的人？假設有人問你們既是國家以外的人，為什麼還吃國家的飯，穿國家的衣，豈不是說話荒謬嗎？各位要知道：「方外」這個名稱，是從前君主時代的一班才高德懋的隱士，不願被帝王所利用的口號。世人弄錯了，以為出家者住山修行，就名為方外人，真是可笑的很！我這次由仰光回來，在輪船上遇見一位潮州人，談起話來。他說：我也想做和尚，但須要選擇一座高山，建一所房子，幽靜清閑，栽花念佛夠了，不必要到世上來混。我說：在民國初時代，談不到方外的話，倘要如此，恐怕要被現代社會擯棄吧！同時我還講了許多關於佛教的話，都是表明佛徒不是以住山念佛為職志的，是要以自度度他為最高目的。既要度他，就非要到世上來宣揚佛法不可。上面已將方外的意義說明了。但國家是什麼？國家就是「土地與人民」，如果離開了土地與人民，便沒有國家之可言。中國於三十年前，統計人口已有四萬萬多人，但是否個個心身安樂呢？安樂二字，換句話說，就是平安，人人能活動著，便是平安，不活動著，便是不平安的象徵。然而怎麼才能活動？要有飯吃，就會活動；沒有飯吃，就不會活動。但是飯從何來？從農夫耕種而來，故農人是不可少的，但是否人人都要務農，不作其他職業呢？那麼，農人之器具如鋤等，有誰來供給？故此亦要有工人。但此做工的人，造就許多器具，若沒有人來連輸販賣，社會上不能溝通有無，故此亦要有商人。

農工商三者具足了，然後人們的衣食住方可解決。衣食住既然具足，但能保不給強人奪去嗎？故此要有政府，設立機關來護衛其事；立下法規條文，俾眾遵守。並有法律專家來依法保障了。而農、工、商、政、法，皆已具備了，那人便可以安樂了嗎？也殊不然。須知土地要有人守護，人民要有人保障，才能言安樂，因而設立軍警以司其事，為不可少的。農、工、商、政、法、軍、警具足了，人民算安樂了嗎？不然！於是就有宗教產生之必要。所以，孫中山先生說：「宗教是補助政治法律的朋友。」且舉羅馬、希臘為證；謂此兩國前雖曾亡過，但有宗教來團結精神，民心方不致渙散，是以終能有復國之一日。又如印度雖曾亡國，只有甘地一人已使英人沒有辦法。此非宗教之效力而何？孫中山先生智識過人，尚不願反對宗教，贊成信仰自由，明文載在黨綱與憲法，彌足敬佩。不獨中國有宗教，且觀現代國家，如：英、美、法、德、日等國，亦皆有宗教。但有人說：蘇俄是沒有宗教的國家，要知道，宗教的意旨是「信仰」，蘇俄亦自有他的信仰，不過是宗教的變相而已。可見地球上的國家，皆各有教的信仰，因為宗教是輔助政治法律的朋友。故知一個國家，雖有農、工、商、政、法、軍、警等，有形的保護人民的機構設立。仍要有無形的宗教維繫人心，然後人民才得有真正的安樂啊！

總而言之，我們要明白：四萬萬人是不能共同站在一個職業的水平線上的；還要各各分任其事，才能達到共同安樂之目的。今試問諸位精神上安樂嗎？若是已得安樂了，還要佛教做什麼？想諸位未必是安樂吧！故佛教是不可少的。

現在來談佛教及僧徒的位置，國家裡農、工、商、政、法、軍、警、宗教、教育，各各皆有其位置，然則佛教之位置，擺在何處？茲列表明之：

這張圖表示無論是哪一種人，都可以學佛，不限定出家人，才可學佛。故佛教應該站在中央的位置。佛教的位置有了，僧徒又在何處呢？僧徒之位置仍是站立在中間，去教化農工商政軍警等各界人民的。

現在再說佛教的意義。佛在那裡？在時間上說，已有二千多年，在空間上說，是在印度。但佛在印度，你們怎麼不去印度求佛呢？就是你去求他，他亦未必給你看見；就是能看見，而所見的，亦如在中國所見的一樣；所謂紙畫的，五金鑄成的，土塑的，木石雕刻的，全是不會動不會說話的佛！我們是個動的人，怎麼要學這偶像呢？但我們學佛，是要學他的佛法。比如小孩學寫字，先要依照格式填寫、模仿，最後才寫得一手好字，我們學佛亦是這樣。佛的格式就是三藏十二部經典，我們要看他的經典，依他的經典所說的法去實行，才可以走上成佛的道路。有一類人，只是閉目念佛，不肯看經；又有一類人，只是看經，不肯念佛，這都是不正規的信佛。如果只是看經不肯念佛的人，他的心裡必定以為這種動作乃是鄉愚的行為，不肯去學他；可是念佛不肯看經的人，他的心裡又以為這完全是說食數寶，不肯去做，以為我一心念佛便可成佛了，何必枉費精神來看經書呢？其實，兩者俱犯了錯謬的毛病。但另有一類人，雖然信佛，自高我慢，以其智識學問在和尚、尼姑之上，大擺其紳士派的架子，這也是錯謬的見地。今試問一句：你們信佛的人，要不要和尚呢？假如不要和尚的話，誰來傳佛法呢？而佛只是個偶像，不會說法；法只是一堆故紙，是須要出家人負起宣傳佛法的責任的。故出家人就是佛教的代表人，而學佛的人應當敬重出家人，也就是敬重佛法。至出家人研究經典研究好了，一方面自己修證，一方面教化人群，務必使全國人民皆有學佛之信願，個個止惡行善，則人人得到安樂，國家才可太平。但是要國家好，須先要人民好；要人民好，須先要教育好；要教育好，須要教師好；僧徒實在是世間最好的教師。因僧徒不會教人做壞事，只是教人為善，不會教人為惡。然則僧徒之位置在那裡？僧徒之位置在中間。但有人問：方才你說佛教在中間，佛教已站了中間位置，怎麼僧徒又站在中間呢？殊不知佛教與僧徒是分不開的，佛教就是佛法僧的總名，佛法僧三寶是缺一不可的。因為法要僧傳，僧由學法而來，佛是由僧來做，所以佛法僧有著密切的關係。

上述佛教與僧徒之位置已說完。佛教裡頭，並非要人人去做和尚的，切勿誤會！因為佛教裡面有兩種人：一、出家佛徒，二、在家佛徒。在家之佛徒，都是普通人做的，都是農工商政法軍警等界的人做的。不過在家佛徒，專心研究佛學的很少，所以佛教多半靠僧徒負起宣傳之責，而佛教與僧徒便成了分不開的母子。農工商等界既皆可學佛，且應當學佛。因此，佛教與社會有密切的關係。

《菩提心影：人生篇》收錄於《慈航法師全集（下）》慈航法師永久紀念會編輯出版，一九四七年四月

五戒十善是做人的根本

世間上無論那一種人，皆各有其中心之信仰。不過信仰各有不同，或迷信，或邪信，均非正當之信仰。質言之，除信奉佛教外，其他信仰，不論任何學說、宗教，在好的方面說：不是單純著重於倫理教育，就是專重於人生哲學之研究。在壞的方面說，或者不是幾近於邪信，就是近於迷信。唯佛教是覺教、正教，故信仰佛法，即為覺信、正信，不是迷信、邪信。同時其他學說、宗教，及一切事物，皆是「背覺合塵」，不能脫離生死苦惱，不能令一切眾生得大利益快樂。所以一切快樂，皆是不徹底的快樂，唯有信奉佛教，才可以得到徹底的真正快樂。

大家都知道「人身難得」這句話，是說人身難得如爪上的土，人身易失如大地的泥。我們既知人身難得，那麼，今生已得人身，應該非常慶幸！但是來生仍能得人身嗎？那就要看你今生所做的事，是不是合乎做人的標準。做人以什麼為標準呢？是以嚴持戒律為標準。若能持戒嚴謹，來生人身定可得到，否則難有把握。至於來生仍得為人與否，此層不必問別人，只要問自己有無破戒？就可以知道了。若果是破了戒，來生便做不到人；反之，則來生保穩做人，毫無疑義。本來持戒不是就要出家，你們做不到僧伽，因為僧伽的二百五十條戒，一一戒相都沒有明白，如何持戒呢？若犯了戒，如犯國法一樣，是極難獲得寬恕的。故我們學佛的人，必須先明戒律。

第一、須將戒相逐條讀熟，第二、須研究其至理，第三、須要實行持義，若犯了戒，便同犯了國法一樣，學佛的人，這點是最要注意的。中國佛法，過去缺漏頗多，若不改革，難臻完善。何以故？試問我們僧尼，以及男女居士等的本心：希望將來成佛，抑是準備入地獄呢？當然是希望成佛的！老實說，若不學佛，不受戒，就不致犯戒，不會墮落。中國人動輒受三堂大戒，沙彌十戒，比丘二百五十條戒（比丘尼五百戒），菩薩十重四十八輕戒，以及無量無邊的戒，犯了委實使人墮入地獄，可不是好要的！

我出家三十餘年，於二百五十條戒，說能完全清淨不犯嗎？那是有些騙你們。中國向來注重名義上的戒，沒有注重實際上的戒，如國家但有法律之名，而無法律之實。佛教戒律不昌，就是佛教衰敗的總源泉。廣東情形我不知道，外省如安徽等，若有新官上任，必先倡禁菸賭，但不到三天，就恢復原狀。又如一方面頒布維護寺產，一方面充產駐兵，如此國法何在？若法律不嚴，就是政治紊亂！從前安徽有個女學生犯罪，警察局長不知細情形，科長將他毒打，及至全體學校罷課請願，將局長革職查辦，始知法律之公正無法。王子犯法，與庶民同罪。所以國有國法，佛教有佛教的戒律。學佛的人，受五戒時，戒師便先問：不殺戒汝能持否？不盜、不淫等戒，汝能持否？現在第一二三五等戒，姑且不說。第四妄語戒，汝能一日不打妄語嗎？能一年不作妄語嗎？從少時乃至六十歲的人，能不妄語嗎？若不受戒則不知罪，受戒犯戒，便是知法犯法，罪加一等；此因未有良師指導之故。如受具足戒的比丘，和十戒的沙彌等，名雖受具足戒，果能具足持戒嗎？受十戒的能受持十戒嗎？實則受戒的人，未能持戒的人很多。

但你們犯戒，我不知道，我犯戒，你們也不知道。這只可以騙人，但不能騙自己的良心。若真犯戒，要墮落三途受苦，現在有何方法，能令你們不犯戒又能持戒呢？唯有五戒是長時之戒。但道心易發，恆心難守。恆心姑且不說，你能一日不犯戒嗎？能六時不犯戒嗎？記得我初受戒時，有幾個戒師在戒期中，還偷著飲酒，食肉，吸鴉片的。試想：如此戒法，他傳授我，我也如此傳授你，究竟所傳的是什麼？所受的又是什麼？唉！中國佛法，因此便弄糟了！現在我說八條戒來希望你們去嚴持：**一、不殺戒：**不但不殺人，就是豬、羊、牛、馬都不要殺，凡有生命者，皆不可殺，就是微小如冬蟲夏蚊也不可殺的。**二、不盜戒：**不但不偷人家財物，凡物不是與我者，雖毫毛亦不得亂取，若不與而取，是謂之盜。古人李下不整冠，瓜田不納履，即是避嫌疑的戒法。**三、不淫戒：**世間上除了正式夫婦關係外，不能隨便邪淫。但在佛教內之出家眾，不特不得外淫，連夫妻的關係也沒有的。**四、不妄語戒：**這第四條為最難受持者，如見了說未見，做了說未做，統統都是犯戒！故說這條戒比較難持。**五、不飲酒戒：**此條謂之遮戒，殺盜淫妄，是性戒，不特出家人不可犯。在家者亦不宜犯，若犯了殺盜淫等戒時，一則犯國法，一則犯佛戒。第五條是遮戒：因酒本身不是惡，飲醉了就犯戒。飲後打打人罵人，而致犯戒的。蓋佛住世時，沒有菸等，故未遮，現今凡有刺激性的物，都是在戒足之例。**六、過午不食戒：**不持戒的人，可以吃晚飯，但佛並不叫我等不吃飯，佛說我等上午飽食，晚上不吃，不致餓死，而午飯不可不吃。須知學佛的人戒貪，富有者不但吃三餐，乃至數餐，以口腹為累！其次，學佛的人應有大悲心，拔眾生之苦。須知苦莫過於餓鬼，他們腹大喉小，喉如針孔，腹如大海，此等餓鬼在生由慳貪所墮，若一錢不與，一毛不拔，就成餓鬼的果報。故放蒙山施食時，要念咒加持，否則水便會化為膿血。故要有大慈大悲的心，才可成佛。**七、不臥高廣大床戒**：佛許比丘的床，長三肘，高二肘半。何以睡大床是犯戒呢？佛教我們吉祥而臥，不可向下，不可向左，要以右手支頭，左手按膝，足略屈，否便為放逸。放者放蕩，是先從心放，而後身放。我們心如猿猴，心若不放，身自不蕩。不特日間如是修，夜間亦復如是修。至修不修由自己，佛不管你的，如要成佛，必須守戒。**八、不歌舞戒**：不歌舞遊戲，不施香水等。你以為是香，我以為是臭。其次不應插花，現在有許多人，沒有辮子，乃插花在襟前，有些人施香水在身上，但他們腹內盡是臭穢不淨，其實何香之有！佛之戒歌舞者，就因歌舞能擾亂人參禪念佛之心，故在應戒之例。否則犯了，十年功行，一朝喪盡矣。

上面八戒，汝等能持否？若你們受戒而不持，不但不能成佛，反而要墮落地獄！何以故？受戒不持，便為犯戒，即要入地獄！若要不墮地獄，成菩薩，成佛，可以受八戒。先和父母夫妻說明：我明天要受八戒，你們贊成否？若得他們同意，則早起向佛前求佛證明，說道：弟子學持八種戒，這樣念三遍；要大聲清清楚楚的念。早上六時起身，通日專心默念佛號，過午不食飯，但可以飲茶。有工作的人，每月可受持六次：初一，初八，十四，十五，二十三，三十。乃至一月一次、或二次，都可以的。若每月一次兩次都不能，可說此人沒有發道心，就不想成佛。

八戒者就是比丘戒、菩薩戒的基礎。如受五戒或一條，二條，三條，乃至全五條，皆須量力；做得到不妨受，做不來不可妄受。八戒只是一日一夜，而五戒就要畢生持的。故八戒易，而五戒難。你們欲做人否？做人是不好耍的，受戒不持而犯，勿說欲成羅漢，就是做人也難！所以你們須要量力受戒才好。此等方法，我不是使你們不持五戒而持八戒，不要誤會；不過要量力而受罷了。若守得戒，來世不落地獄，可得人身，這我可以保證。至於來生有飯吃否？那我就不知道！但我可以保證你來生做人。世間上沒有衣食住的人很多，沒有父母、兄弟，和有口無鼻、有手無足者亦很多；若要做個完整的人，就要守持五戒。因為，「五戒」是保持人身不失的方法，而「十善」是保持衣食不虞的方法。單持五戒，可得人身，衣食難保。若兼行十善，勤修布施忍辱等，來生不但可得人身，且具有衣食住的豐美。所以要勤修五戒、十善，才能完成我們做人的品格，達到成佛學佛的願望。至於怎樣叫做十善？有機緣時再來說明。

《菩提心影：人生篇》收錄於《慈航法師全集（下）》慈航法師永久紀念會編輯出版，一九四七年四月

六度四攝是成佛之正因

你們為什麼要學佛？這個問題，在你們作的幾篇文章中，並沒有一篇把佛學闡揚了達到目的！何謂學佛？能學者「人」，所學者「佛」。要知佛是什麼？做佛又有什麼好處？若明此理，乃可以言學；你們所答的不合本題。固非你們之過，乃我之咎。前天所講的最低限度要做個好人，昨天所講的又不要著重做人，要「了生死」。但「了生死」，乃「阿羅漢」之道。我只問你們：學佛有何好處？並非故意要你們學做阿羅漢。

學佛分做三層來講：一、為何要學佛？二、學佛有何好處？三、用何方法可以成佛？你若去問佛：你老人家為什麼要成佛？他說：我為度眾生故要成佛。又問：你為什麼要度眾生？他說：我願成佛。何名謂度？度者化度。以眾生迷故，化迷成覺，故謂之度。試觀「迷者」與「覺者」，如博士之與小童，言語不能相合，世人之品格程度，各個不同，今欲化度眾生，要有一切智；佛為「一切智人」。要有智慧方可教化，如不懂英文，則不能教化英國人；不懂日文，則不能教化日本人；若說我有智慧，現在有智慧否？但我不懂種種話，故不能稱為「一切智人」！佛在世時，有天龍八部，九界眾生，皆可與之談話，假如沒有這種智慧，即不能化度眾生。設有此種智慧，亦復不能度生。何以故？若要化度眾生，仍要有福德。何謂福德？德是從二人來；若無對方之人，德從何顯？故福是果，德是因，人人皆想得福，但福那裡是一想就來的呢！普通所謂「福自天甲」，實則是「福由心造」。

皈依佛，兩足尊（福德、智慧，圓滿的意思）。我們的福智最少，羅漢稍大，菩薩更大，唯佛之福德、智慧乃能圓滿。佛，非泥紙所造，乃福智所成。在未成佛以前，要教化眾生；欲教化眾生故，要攝受眾生；欲攝受眾生故，要有福智；若沒有福智，只可教化一二人，但不能教化多數人。福智即由攝受眾生而來，若攝受眾生，則當先行布施，眾生無衣送衣，無食送食。要使對方之人皆大歡喜。但須以真實心，乃能感化人也。

一、「布施」有三種：（一）資生施——即施衣服、飲食、湯藥等。一切資生之具，施與眾生。（二）「法施」——教以為善得福，為惡得禍，及四諦、十二因緣等法。（三）「無畏施」——要令眾生，脫離苦海，無所畏懼。有此三種「布施」，乃能攝受眾生。以種種方法，與眾生聯絡，乃能引入佛道！

二、「持戒」：持戒者，防非止惡之意。犯戒者，殺盜淫妄、損害對方之意。能持「五戒」「十善」，則人見歡喜，可以攝受眾生。戒有三種：（一）「攝律儀戒」——攝十種波羅夷。（二）「攝善法戒」——攝八萬四千法門。（三）「饒益有情戒」——攝慈悲喜捨四無量心。如是等戒，無非令一切有情，止惡修善，同時亦能自利利他。

三、「忍辱」：忍有三種：（一）「生忍」——眾生打我罵我，而能忍受。因要度生，要成佛，故須忍辱。（二）「法忍」——能忍寒熱雨雪饑渴等。（三）「無生法忍」——雖行忍辱，而無執著，上來布施、持戒、忍辱，為攝受之綱，能度眾生。若能行此三度，你不度他，他也來找你。

四、「智慧」：智慧有二種：（一）內智，（二）外智。世人博學多聞，從耳目得來者為外智；若由內心發出智慧光明為「內智」；具有此智者，能照了一切客塵煩惱，不為環境所轉移。但我們的心，如被沙土所掩，光明便不能發露，若要有此智慧之光明，須有「禪定」工夫。

五、「禪定」：禪定工夫由「念佛」，「持咒」，「參禪」而來；修習種種行門，漸漸發生智慧。「外學」：如程、朱、周、陸、王陽明等。所得「智慧」，由外來者多，由內發者少。但近世之人，皆在門外捉摸，不是「智慧」。

六、「精進」：「精進」本來在第四，何以現在置於最末呢？因為能於「布施」，「持戒」，「忍辱」，「禪定」等，勇猛精進，則福德完滿。於「念佛」、「參禪」、「持戒」、「忍辱」等，勇猛精進，則智慧圓滿。福智圓滿，就可攝受眾生，就能化導眾生，而圓成佛果。故福德、智慧從「六波羅密」而來。

尚有「四攝法」可以攝受眾生：（一）「布施」——以種種布施，令其滿足。（二）「愛語」——如見人有好處，常行讚歎，以謙和顏色，軟語，令其喜悅。（三）「利行」——以種種行門，令其得利益。（四）「同事」——與其同事，互相之親近，而化度之。

上面所講「六度」、「四攝」，為圓滿作佛之正因。各位為什麼要學佛？為度眾生而學佛。欲度眾生，須廣行「六度」、「四攝」之法門，作成佛之正因，所共勉之。

《菩提心影：人生篇》收錄於《慈航法師全集（下）》慈航法師永久紀念會編輯出版，一九四七年四月

正信佛教徒應有的認識

各位在這大寒天，不辭辛苦而來聽經，這種求道的精神，令人欽佩！諸位既到寶山，那就不可空手而回！無論大小寶貝，都可隨意取些回去。聽經求道，有得於心，就是取得寶貝。今晚的講題是「正信佛教徒應有的認識」。在中國人講經，必有一部經做講本，如講《法華經》則有《法華經》的本子，講《楞嚴經》則有《楞嚴經》的本子。但在緬甸、錫蘭、暹羅等處，皆沒有經本子放在桌上。試問當時世尊說法，是否也有一部經卷？須知世尊說法，不假思索，但視眾生根器如何？隨緣施設。佛涅槃後，由諸大菩薩、阿羅漢等幾番結集，而成三藏。但依經說法，有點好處，亦有點壞處，這問題不在本文範圍之內，暫且不說。現在來講本題。

「正」者，不邪為正。然何謂邪？不合道理的為邪，合於道理的為正。「信」者，信仰，即崇拜敬仰之意。孫中山先生所謂「由信仰而發生力量」，故力量發生於信仰。比如有人念阿彌陀佛，求生西方，或被旁人慫恿曰：汝現未死，何必求生西方？設你應有九十歲壽命，便是長命，若盡日念「願生西方淨土中」，恐汝將來壽命，不到八十歲！因求生心切，無形中會促短你的壽命啊！然則念佛求生西方，豈非反為不美？於是念阿彌陀佛的人，為旁人之言論所動搖，從此不復念阿彌陀佛，西方亦不求生，此人即是無信仰之力量。比如又有一人，念消災延壽藥師佛，設有人向他說：汝覺人生苦嗎？其人答曰：不痛苦。長命快樂嗎？答：長命則快樂，我願長命！汝以長命為快樂，假定你壽命活至一百歲，一千歲，乃至八萬四千歲，你願滿足嗎？但普通的人，壽至八十則耳聾眼矇，手足顫動，兒媳還要罵他：「老東西何不早死！」罷了！罷了！長命也是無用。不如念句阿彌陀佛，求生西方為好。於是念消災延壽藥師佛的人，自知錯誤，遂轉念阿彌陀佛。此亦無信仰之力量。或謂宜兩者俱念，念一句藥師佛，念一句阿彌陀佛，則兩全其美。然此法亦不好。何以故？因一則求長壽，一則求生西方，將來死不得，活不得，如何是好？

總之，此等人就是信仰力量不充足。如有真實信仰力量者，要在千軍萬馬當中，不能奪其志。刀鋸在前，釜鑊在後，坦然不懼，絲毫不動，到此田地，才有信仰之力量。比如為匪者，他豈不知有法律，有憲警？但他竊盜之心，以為每日工作，所得不過一二！當教員者，舌敝唇焦，每月收入不過數十元。做官者失業數年，久候方得一官半職，然亦不過百數十元之薪俸！做生意者，世界呈著不景氣現象，不容易賺錢，我何不做個土匪，樂得弄些錢過生活！此種信仰不合正理，是謂邪信。邪信是要不得的。

要知此種信仰，不可倚靠的，設有人發其罪，則性命難保。凡世間人不致力於本業，而妄求僥倖以圖逞雄於世者，猶小學生之不肯勤學，而望於考試時，求教師多給成績分！而此種靠不住之信仰，亦謂邪信。邪信約有二種：一、自己犯罪，希望求人庇護。二、自不修福，希望他人賜福。此皆迷信之人物。世人所謂天官賜福，實則「福禍無非自己求之者」。福要自修自得，不可他求，禍不能庇護，終有報應之日。「正信」之辨，大抵如此。

佛者，覺也，即明白通達覺悟之意。設有個人對於事事物物，通達明白覺悟則謂之覺。但要知所謂明白通達覺悟，非世間人所能有者。蓋世人有明白此，或不能明白彼；明白今生，又不能明白來生。世人之覺悟，不過饑思食，寒思衣，求屋宇以避風雨，操工作以維生活。自生至死，只知謀衣、食、住而已。然不特為自身謀衣、食、住，且為一家人謀衣、食、住，能為國家民眾謀衣、食、住者，此人為誰？孫中山先生是也。孫先生要保存全國的人，是謂民族主義；民若無權，即為孱弱民族，故有民權主義；民既有權，則須有生活，故立民生主義。而孫先生，不獨為一家謀衣食住，且為現在未來全中國的民眾謀衣食住。果真全國人皆奉行三民主義，則國家豈有不太平。

大地眾生個個在迷夢之中，生而死，死而生，生生死死，死死生生，無有了期！設或做一點好事，將來可以生天，天福一盡，依舊墮落。設或做了壞事，則三途有分！我今生在人道之中，已覺得不勝其苦，何況更墮三途！故未學佛者，前路茫茫，不知歸宿何處！既學佛的人，須求來生勝過今生，不可使今生勝過來世。再進一步要做個阿羅漢、菩薩。我想最低限度，勿要失卻人身。所謂人身難得，如爪上土。試以廣州而論，人多呢？畜生多呢？以寶源北街而論，人多呢？畜生多呢？由是推及全世界上，人多呢？畜生多呢？須知畜生是多於人類，千萬億倍。故曰：人身難得。豈我應做人，而牛馬應做牛馬嗎？何以「上帝」不公平如是呢？昔人云：「此身不向今生度，更向何生度此身。」我們現在既得人身，而不求度，設或將來做豬做羊，當被宰殺之時，嗚嗚而鳴，血濺屠刀，痛入骨髓，此中滋味，思之，真是使人不寒而慄呵！

我們要得人身，就要有得人身的方法，此法就是皈敬三寶。何謂三寶？一、佛寶，二、法寶，三、僧寶。皈者，歸向之意；敬者，敬仰尊敬之意。凡人要來世得人身，那必須皈向三寶，恭敬三寶。苟不皈敬三寶而毀謗三寶，欲得人身，萬難萬難！昔佛與阿難尊者宴坐樹下，佛以手指甲取泥土問阿難曰：我手中土多？抑大地土多呢？尊者答曰：大地土多；手中土少。佛曰：世間眾生之得人身者，如爪上土；失人身者，如大地土！古人云：「一失人身，萬劫難復。」比如有凶徒，打死一個人，警察即將他監禁，或監禁至數十年。在我們眼光觀之，覺得數十年時間很長，但此凶徒獲此報者，罪不過殺一個人耳。若我們從無始劫來，所作之業，無量無邊，將來應得何罪？就以今生而論，我們自少至老，年年如是，月月如是，乃至每秒鐘亦復如是。心之所念，口之所言，手足之所行為，善多呢？惡多呢？有罪呢？無罪呢？唉！罪與業，如影隨形。自己造下孽，不須閻王鞫審，只須撫心自問，有罪戾嗎？須知惡事不可覆藏，欲蓋彌彰！

所謂佛者，覺也。所覺者何？所覺者是：有如是因，必有如是果。種瓜得瓜，種豆得豆。蓋種瓜者不能得豆，種豆者不能得瓜。所謂種苦瓜不能得甜瓜，種甜瓜不能得苦瓜。殺人放火者不得升天堂，修行學道者必不墮地獄。俗語說「善有善報，惡有惡報」，此之謂也。

云何為徒？徒即弟子之意。學在師後名為弟，解從師生名為子。弟者對兄而說，子者對父而言。以僧為父兄，苟有不明之處，要虛心請問，因他是我的師父。從師父知，從佛口生，從法化生。試問我們能否成佛？若成佛，由何而成呢？我們之成佛，乃生生世世由師父指導之功，才曉得修行；因曉得修行，才曉得成佛。故我將來之成佛，乃由師父教導之功而來；而師父之能教導我者，由研究經典而來。然此經典，乃世尊所說，苟世尊不說，即我師父何能懂得佛法？故僧從法來，法從佛來，佛從法來，法又從僧來。若佛不從法來，難道是由天上掉下來？地下生出來？因其依經修行，而得成佛。但在未成佛之前，同是眾生，即現代之大博士，大教授，更不是出家人對他說佛法，他亦不能懂得佛法。所以說離了法，離了僧，則亦不能成佛。

我們對於佛法僧三寶，不可分別輕重。有些人只知拜佛，對於出家人老是抱著藐視的態度，這是要不得的！有些人只知研究經典，但不肯拜佛，此是重法輕佛。若無佛，那有法？又有些人，對於師父則尊重禮拜，或送衣服，或送飲食等物，但不肯看經，只求得個師父就夠了。此是重僧輕法。若無法寶，師父又從何而來？我們中國佛教徒，於一百人之中，有九十九人有此弊病！我看中國信佛的人，如此錯誤真是苦得很！

現在高樓大廈，將來蔓草頹垣；現在兒孫滿堂，將來非汝所有；現在繁華富貴，將來如夢如煙；美味在前，經過三寸喉嚨，變作糞穢。世間的一切，都是虛妄不實！所以要皈依三寶，多修福慧，福慧完滿，即可成佛。而最低限度，亦不致失去人身。試看你們有屋住，有父母，乃至件件俱全，可是我們則件件缺乏。你們樂，我們苦，豈「上帝」之不平等如是耶？要知福慧乃自己求之，禍辱亦自己造之，諺云：「禍福無門，唯人自召。」故勸大眾，先要修福。

求福之法，要利益他人。好比對方的人，不論是父母、兄弟、親戚、鄰里，乃至社會國家，凡有絲毫損人利己之行為者，謂之害他，此就是折福；若無福即有禍。禍非外來，亦由自作耳。故曰：「為人不作虧心事，半夜敲門心不驚」。

我們要恭敬佛法僧三寶，若人人學佛，人人都是良民；四萬萬人學佛，四萬萬人都是良民；此良民乃由僧伽教化而來。僧由法來，法由佛來，佛由僧來，故佛法僧三者，是大地眾生之明燈，是大地眾生之朗月，亦是大地眾生之慈航。

《菩提心影：人生篇》收錄於《慈航法師全集（下）》慈航法師永久紀念會編輯出版，一九四七年四月

研究宇宙人生觀的結論

昨天燈霞法師來居士林看我，要我今天來佛學會演講，我不善於說話，而又無話可說，故臨時想出一個題目：「研究宇宙人生觀的結論」。就在這個題目範圍內，略加解說，以供諸君研究佛學的參考資料。

諸君！何故要學佛法？佛法究竟是什麼？我們跑到這兒來，不是在這裡聽聽演講，把很寶貴的時間無聊的閑談一下就算了，是要探討一個實在的。

所謂「宇宙」是什麼？《淮南子》云：「四方上下謂之宇，往古來今謂之宙。」莊子亦云：「有實而無乎處者宇也，有長而無末剽者宙也。」蓋宇為空間之義，宙為時間之義；與佛家所云「十方三世」，橫遍十方、無量無邊的空間，豎窮三際、無窮無盡的時間，意義相合。同時我們還要知道的，在這宇宙之間，萬事萬物，無論是物質的，精神的，在佛家所謂：有情世間，器世間；一切諸法的起源，歷史，運命，形態，構造之根本原理，在太初之世，從何而來的？「宇宙」是否為獨立自存的？抑或是多數個體集合而成的？考諸近世哲學宇宙開闢說：「謂神以自由意志創造世界。」這一種神話，以為宇宙是一個神創造出來的——上帝創造出來的。人呢？也是上帝創造出來的。又有一種說法：宇宙最初，是從分子、原子、電子、以太而來的。但分子、原子、電子、以太，這些又從何而來呢？則無從說起，回答不出來了。我只有大聲高喊，此路又走不通！因此，不是給人一個了解的方法，而有很多的缺陷，這如同婆羅門教，以為宇宙是大梵天王所造的，或是大自在天造的，這都是不能夠給我們一個滿意的答覆。

復次，人生從何而來的？或曰：上帝創造出來的。或曰：人類由猿猴進化而來的——是由微生蟲、什麼蟲進化而來的！這些唯神論、唯物論、進化論、唯我論的思想和結論，只有給我們一個反對的觀念！我們是否認這種學說和主張的，對於這種沒有深切研究的論調，當引以為憾事。

不錯，主張宇宙人生起源，是上帝創造的，或從什麼獨自造出來的；在主觀方面，他「自有」理說，我們可不加以反證。但我們可以在客觀的地位來探討，研究它的起源和歷史。從任何方面說：若宇宙人生是由上帝創造的，但上帝又由什麼創造的？假若上帝不是什麼有形的東西造的，則上帝成為無形的上帝；上帝既是無形，則不能創有形的宇宙人生出來。從理智的觀點看起來，這完全是武斷！又患了我們佛家所說的一因生多果的毛病！像羅素先生說：你們只有給我的「懷疑的意志」，得不到「信仰的觀念」！

如上所述：要挽救這種錯誤的思想，闡揚宇宙人生的真理，須知佛學的原則，作為解答一切問題的方針。這不是自己稱揚自己的優點，因為佛學是一種獨立超然的學問，因此他有一種普遍的妥當的必然。無論解答何種學說的問題，絕對沒有武斷的主觀意見。具體的說，佛學的解釋與批評，他與眾人所知見的不同，更有獨到的見地，實在可以補任何學說之不足的。

在佛經裡面說：一切法「由眾因緣和合而生存」。又曰：一切法「法爾如是」。由此，我們知道了宇宙人生，萬事萬物，他的起源和歷史，以及他的構造方面，都是由「眾多的助緣」，幫助他而成功的。互相為因，互相為緣；絕不是那一種獨立而成的。由此推論宇宙人生萬事萬物，他的起源，歷史，構造，都是幻生幻滅的，無從說起。不是從什麼進化而來的，也不是從什麼東西製造出來的。故佛經云：「眾緣所生法，我說即是空，亦名為假名，亦名中道義。」一切法，既由眾因緣和合而有，而一切法都是幻有的，都是假的，都是空的：無論什麼地、水、火、風、上帝，乃至一切，都是幻的，假的，空的。所謂「一空一切空，無假無中無不空；一假一切假，無空無中無不假；一中一切中，無空無假無不中」。我敢大膽的說：大家跟著此走，此路才走得通！

所以我們的人生，雖有人生可言，而無「固定的個性」可講。因為生我者，父母；養我者，農工；衛我者，軍警；救我者，教育。故我佛發現到宇宙人生的真理，覺悟了人生是苦、空、無常、無我，眾緣所生。照這樣說起來，你問我這樣東西從何而來？我則曰：是他的他的他的（眾緣）！這是我研究「宇宙觀與人生觀」的結論是如此。

在真諦方面講：一法不立，當體即空；由此而可以破外道之常見。

在俗諦方面講：萬法全張，因果歷然；由此而可以破外道之斷見。

非斷非常；有是幻有，非是實有；空是真空，非是斷空。世人若能悟此，則學佛之能事畢矣。

《菩提心影：人生篇》收錄於《慈航法師全集（下）》慈航法師永久紀念會編輯出版，一九四七年四月

怎樣才可達到自由平等博愛之目的

慈航與大家很有緣，每晚來聽講的人，都是滿座，而且很肅靜的，私心不勝快慰！社會上的事物很多，但都不妨礙各人的工作，例如：軍人穿武裝，學生穿制服，我們和尚穿僧服，都是不相妨礙的。所謂：裝龍似龍，裝虎似虎。我希望諸位以後，無論對於那一種人，都不要輕視。所謂三種不能輕視；如龍子雖小，不能輕視，他能降雨故。皇子雖小，也不能輕視，他長大了，能治國安民故。和尚雖小，也不能輕視，將來能說法度生故。這是我未講正題之先的贅語，有誤聞法時間，希望各位原諒！現在來講正題了，題為「怎樣才可達到自由平等博愛之目的？」本題中含有三義：即自由、平等、博愛；這是法國革命時所喊的口號，也是現在人人所追求的理想與目的。所以我特地把它提出來和諸位談談。

怎樣可以達到自由之目的？

自由者，是不受束縛的。若依主張唯物主義的人說：物能創人，萬物是物質的創造，是則被物束縛，那能說為自由呢？若是以心為主，這才是真自由。

怎樣可以達到平等的目的？

平等者，非大對小之平等，肥對瘦之平等，父母對子女之平等，要知道這種平等，是平等不起來的。譬如耶教說：上帝能創造萬物，萬物是由上帝主宰的，我們既由上帝創造，我們就沒有主宰，是由上帝主宰我們，所以我們的身命，完全要歸附上帝的；上帝要我們上天堂，我們就上天堂，上帝要我們下地獄，我們就下地獄；我們人是沒有主權的，這樣是平等嗎？又印度有一種外教，主張海裡生一朵蓮花，蓮花上生了一個人，這是人的鼻祖，蓮花上的人，在頭頂上又長出了一個人，這是婆羅門（僧侶）；肩上又生了一個人，這是剎帝利（王族）；臍下又生了一個人，這是吠奢（商人）；腳下又生了一個人，這是首陀（屠者）。他們把人分為四等：婆羅門是從鼻祖頭頂上生出來的，所以是最尊貴的。剎帝利是生在肩上的，故剎帝利是上至國王，下至百官，一班功名富貴的人。吠奢生在臍上，故吠奢是一班做買賣的人。

首陀生在腳下，故首陀是一種最下賤最可憐的人。這樣是平等嗎？所以中山先生是大革命家，他力求剷除不平等條約，使全中國的人，都奉行三民主義，務求達到自由平等的目的。誰知在印度二千年前的大革命家（釋迦牟尼），即已提倡要全世界的人們，都要得到自由平等。所謂：「一切眾生皆有佛性，皆可成佛。」因此捨王位不做，夜半乘馬踰城，入山修道，六年苦行，出山教化：最初只度五人，繼之兄弟兒子，盡受他教化。他收的出家弟子，不論在家時尊、卑、貴、賤，他都一視同仁。有一次佛度了一個人出家，是國王的奴隸，國王請佛及弟子應供時，國王乃先白佛言：我的奴隸，是不能叫他來的！是時佛的弟子，都去應供，唯佛不去，而叫國王的奴隸代去托鉢；行至宮時，宮門緊閉不開，如是便將手從門縫間伸進至王廳中，國王驚異，乃生敬意。後來國王方知該出家的奴隸，已經是成了阿羅漢果。所以釋迦牟尼，是打破一切階級的，是主張真正平等的。若是國家想平等，則當效法釋迦牟尼的精神，徹悟一切眾生皆可成佛之哲理。

怎樣可以達到博愛之目的？

博愛者，無私我也。首先要打倒私我。因其有私我，就不能博愛，所謂：小我打倒，大我才現。吾人日常執著之我，乃地水火風四大和合之假我，而非真我。

復次，我們要真正達到自由平等博愛之目的，即非依「三民主義」不可。第一、「無神主義」，因為宗教家，如說：上帝能創造萬物、主宰萬物，有了神造的觀念，就不能平等！所以非破去神造主義不可。第二、「無物主義」，馬克斯的觀念，是唯物主義，不知唯心，人為萬物之靈，物是人造。所謂「一切唯心造」，想真正自由，所以又非打倒唯物觀念不可。第三、「無我主義」，我們真能把私欲摒除，那博愛的大我，才會發現。小我不破，大我永錮！所以要實現博愛，即從實行破除私我下手。若能知道：「無神，無物，無我」的三種正義，才能達到自由、平等、博愛之目的。

《菩提心影：人生篇》收錄於《慈航法師全集（下）》慈航法師永久紀念會編輯出版，一九四七年四月

我們為什麼要學佛

我常常心裡這樣想：我們做為一個人，為什麼要學佛呢？不學佛可以嗎？若是可以不學佛的話，那麼，我們又何必要多此一舉，豈不是等於頭上再安上一個頭嗎？但我想起究竟來，是不可以不學佛的！我的理由，就在下面：

第一、我以為一個人如果不學佛，就好像一個小孩子離開了父母，沒有依靠一樣。又好像我們的軀殼失掉了靈魂，飄飄蕩蕩，沒有依託！試看世界上的人，雖然不能說統統是學佛，但是大多數的人，他們都信仰一種宗教，這就是一個明證。

第二、我以為一個人的痛苦，有兩方面可以安慰，一種是物質的，一種是精神的。在物質方面，譬如：金錢、衣服、飲食、居住、遊戲，乃至男女等等。但這種物質享受的快樂，是有窮盡的。若說到精神的快樂，那是無窮無盡的。譬如佛經上說的成羅漢、成菩薩、成佛，乃至生極樂世界，這種出世超人的希望，是永遠的快樂。所以精神上的安慰，比較起物質來，實在是天地懸隔。故物質的享受，實在是萬萬趕不上精神的。

第三、我們做一個人，善惡實在是沒有一定的。如果你說世間上都是惡人，那麼，為什麼有一部分人可以作善？如果你說全世界都是善人，那麼，為什麼又有許多人去作惡呢？這種作善、作惡的動機，究竟是什麼東西在裡面主動的呢？詳細研究起來，這就要談到「心」！研究心理學最徹底的，莫過於佛學，這也是要學佛的一個理由。

第四、我常常這樣想：人和畜生，究竟在什麼地方不同？人要食，畜生也要食，人要睡，畜生也要睡，人有生育，難道畜生不會生育嗎？人會工作，牛會耕田，馬會拉車，貓會捕鼠，狗會守門，何嘗不是工作？這樣一來，人和畜生不同的在什麼地方？老實說：這就是人有教育，畜生沒有教育。教育雖然不是完全歸於佛教，但最良善的教育，莫過於佛教；因為佛教的對象、宗旨，就是教化人民：修善斷惡，改邪歸正。試觀：從凡夫到佛果，離開了善法，怎樣可以成功呢？所以學佛第一就是改良人們的行為。

第五、我常常這樣想：做一個人，一生到死，忙忙碌碌，究竟忙的什麼東西？為名吧？名又帶不去！為利吧？利也帶不去！就是兒孫滿堂，大富大貴，到那時又有什麼用呢？其實兩手空空，連這平日寶貴的身體，也要歸到黃土裡面去了！我以為無論貴為天子，富比王侯，如果想到這一層，做人也就沒有什麼興趣了。唯有學佛修一切善法，斷一切惡法，自利利他，自覺覺他；能夠照這樣去做人，那才算有興趣！人生也才有意義！

第六、我又想到人的智慧，真是渺小得很，不但像我們這樣愚蠢的人，固然無不上；就是多識幾個字，能作幾篇文章，乃至能夠治家理國，也不過是世間有漏的聰明；不但不能救濟人群脫離苦海，連自己還沒有超三界的生死！你看：十方諸佛，不但是自己早已超脫，並且還能夠救拔一切眾生，這樣我們為什麼不去學佛呢？

第七、我們平常一般人，能夠著作兩部書的，以為學問是怎樣了不起！聽說，到外國去留學，要能出版一、二部書，才可以得到博士位。試看：佛陀空口講白話，用不著先預備文稿，隨問隨答，在我們中國的《大藏經》裡面，已有幾千卷，何況印度的梵文，有許多還沒翻譯過來呢！又何況天上、龍宮的經典，那更是無量無數。佛有這樣大的智慧，我們為什麼不學呢？

第八、我們平常的人，相貌稍微好一點，就以為怎樣美麗！其實，不知道佛的應化身，已有三十二相，八十種好，何況佛的圓滿報身，千丈盧舍那，八萬四千相好，無量無邊的光明，那更是不可思議了！這種功德相好，完全是在因地中行菩薩道時修來的。所以，我們要想同佛陀一樣的福德巍巍，那就要學諸佛的那樣發心。

第九、普通一般人的理想，生了一個兒子，長大了最好是做官發財。我以為如果一個女人，生了一個兒子成了佛，你看這個人多大的福氣！為佛母佛父，不但是報答父母的大恩，就是罪惡方面，也就不會加增父母的重擔。今生的父母，固然得到好處，就是多生多劫的父母，也就沾光不少。我們因為要報答父母的親恩，所以應當學佛。

第十、總而言之，佛的功德，是無量無邊，說也說不盡，我們只好放開眼睛看看，打開耳朵聽聽，除了佛以外，還有什麼人比得上佛的智慧，佛的慈悲，佛的功德，佛的神通、相好、三昧、辯才……呢？所以我說：要同佛陀一樣，那我們就決定要學佛。

《菩提心影：人生篇》收錄於《慈航法師全集（下）》慈航法師永久紀念會編輯出版，一九四七年四月

佛法怎樣到民間去

諸位！記得還是在百花盛開的春天，曾到過貴園和諸位有一面之緣，這番崔護重來，已到了萬草凋零的晚秋了。今天又蒙貴園主懃懇邀約，和諸位講幾句話，本人感覺得非常愉快和感激！

在未正式講演之前，先說個笑話給大家聽聽。諸位總該知道，俗傳八仙之中，有一位呂洞賓吧？當他在終南山得道之後，有一天乘興下山，施行教化，以試試眾生的根機如何。當他走不多遠，忽見對面來了一個小孩子，於是他演起遊戲神通來了；他用手指在前面一塊石頭上一點，立刻便變成一塊燦爛奪目的黃金，隨即溫和慈愛地對那個小孩子說道：「小朋友！這塊黃金送給你買糖果吧！想不到那小孩見了黃金，卻搖搖頭顯出毫不在乎的樣子。呂洞賓以為他嫌小，於是又特地點了一塊頂大的石頭，變成黃金，心想這一次大概可以滿足這個小孩的欲望了。然而竟出他意料之外，小孩仍然不屑一顧！這一來倒把呂洞賓呆住了，心中不禁納罕道：人間現在竟突然變得這樣善良了，黃金都不要！他隨疑問小孩道：人皆知黃金可貴，為什麼你見了卻不愛？那小孩天真地答道：不錯，黃金可貴我曉得，不過，定量的黃金，用之有時而盡，終不及你那「點石成金」的手指來得好！最好還是把你的手指送給我，好讓我「取之無盡用之不竭」啊！諸位想想，這小孩多聰明，要就要個無價寶，可以一生受用。試問在座的小朋友，愛黃金呢？還是喜歡手指？不消說，諸位是睿智之士，小朋友也是聰明的，想不會貪黃金而不要手指！我剛才在未登講臺之前，先奉持「南無阿彌陀佛」的六字洪名，用悠揚的七種音調領導你們諸位繞唱了數匝，就等於給你們許多點石成金的無價之寶——手指！因為嘹亮的梵音，一入耳根，永為道種。心若能永恆地存著一個佛的觀念，便是鞏固了自己的精神堡壘，殲滅煩惱魔軍的一種必勝戰略！善用此戰略，即能保全各人本具的無盡寶藏——佛性。所以這數分鐘的念佛，比聽講演還要受用些，希望諸位不要以為念佛是無關大旨而加以忽視！好了，閒話少講，言歸正傳！

今天的講題，是「佛法怎樣到民間去」？我們知道，凡是一種事物的存在，必有其存在的條件，這就是適應人類生活的需要。就拿這個茶杯來說吧！假使沒有它，試問茶怎樣可以送到嘴裡來呢？難道要用手代杯嗎？不，這是原始人的生活，現在不能用。為適應人類喝茶便利起見，所以繼續造出大批的茶杯來，以供應人類生活上的需要。但有了茶杯，假如你不利用它，反而以手喝茶，這豈不是物失其用嗎？大家既明白了這個道理，那麼，舉一反三，其餘的一切，也就不言而喻了。

現在要來問一聲，佛法有用處嗎？當然有，它是茫茫苦海中的燈塔，是芸芸眾生的救星。世間假使沒有佛法的存在，就等同沒有日月的光明遍照，人類要過著黑暗的生活，這是何等的苦惱？所以要想世界真能達到和平大同的境界，非全人類接受佛法的洗禮不可！可是話又得說回來，佛陀救人救世的教理，雖然浩如煙海，佛經文獻也為世所公認是學術史上的金字塔，但於今卻把它深藏在山門裡，作為個人的精神寄託處，未免失去了利人救世的妙用！斷佛慧命。在這裡，我們應當自負其咎，因為我們未能腳踏實地的去負起宏法利生的責任！現在為了佛教前途的光明和人類未來的幸福著想，再不能把佛法藏在深山了。應當趕快宣揚它，俾它能深入民間去，好讓大家能親嘗佛學中的無上法味，一潤枯腸！但是怎樣才可以把佛法宣達到民間去呢？這裡，有一輛巨型播種曳引機，只要開足馬力，就可以將佛法的幸福種子，很迅速而普遍地播散到全球去，種子下了，不久便可開出美麗的鮮花來。

第一、要勸女子學佛，佛法才可以到民間去。過去一班婦女學佛只知道執持一句阿彌陀佛，以希求將來能夠往生西方極樂世界，除此以外，根本就不知道佛教裡面還有解答宇宙人生的真理存在！所以明心見性的無上佛法，與她們是毫不發生關係的，利人救世的任務，似乎也不是她們的本分。她們所幹的，只是終日在佛前求籤、問卜、祈財、求子……這種自私自利的妄動，不但於己無益；反而使正信的佛教，塗上了一層迷信的色彩。其實，佛教本身並不是保險公司，佛菩薩也不是掌握人類賞善罰惡的萬能主宰者。在科學昌明的今天，佛教裡再不需要這種迷信、消極、自私的佛教徒了。今後所希望的，是一班新時代的女子來發心學佛，學佛可以在家裡，並不一定要剃光了頭去出家。以你們清醒的理智，去徹底認識佛法的偉大，而生起你們的正信，這才是應時機的根本辦法！為什麼女子學佛，佛法就可以傳到民間去呢？因為學佛的女子，最能堅定正信，將來擇配，自然以同一信仰為前提。夫婦既能志同道合，受佛法的薰陶，則將來所生的子女，善根自然具足，在佛化家庭中，小孩耳濡目染，無非清淨佛事。蓬生麻中，不扶自直，佛法潛移默化的吸引力，終使得他欲罷不能！自己親生的兒女既能篤信佛法，繼而媳婦、女婿、孫子、孫女、外孫、外孫女、曾孫……代代相習，世世相傳，佛法從此便能根深蒂固地流入民間。總說一句：要奠定佛化家庭的基礎，非靠現代正信學佛的女子不為功，所以要想佛法傳到民間去，首要的辦法，便是多勸女子發心學佛。

第二、要教小孩學佛，佛法才可以傳到民間去。小孩生來有一顆天真純潔坦白的心靈，思想敏捷，精神活潑，前途充滿美麗遠景，真是人生的黃金時代！當他還沒有接觸紛繁的人世間，還未受到那污濁社會的「雜色大染缸」所渲染的時候，就能來信仰佛法，「童真入道」，這是最難希有之事。因為小孩彷佛是一疋剛剛織好的素綢，不論什麼樣的色彩，都容易被其染污的。所謂「染於蒼則蒼，染於黃則黃，所入者變，其色亦變」。若染得好，本質也就顯得格外的好；若染得不好，那就一輩子糟了。佛法，是一種最純潔的色彩，小孩若能受染，定能發生寶光，無人不稱讚羨慕的。這就是說：小孩既能在佛教的懷抱裡，養成慈悲的情緒，偉大的精神，則將來定能成為忠信篤敬尚義行仁的典型人物。以他們所領納佛教中出世的思想，來做入世的一切事業，則處處拋開小我而成就大我；為國家建功勳，替社會謀幸福。因信仰純正的偉大，故能放射出萬世不朽的光輝！可是反觀今日國際的野心家，史達林以及毛澤東等，他們這些世界上人類的公敵，不也是由小長大的嗎？為什麼竟做了天下的罪魁？只因他們在童年的時候，從未受過慈悲佛法的心靈修養，終日昏迷在物欲的漩渦中兜圈子，以致造成這空前慘無人道的赤色恐怖！由此看來，要得世界和平安定，也非要正本清源領導小孩趨善學佛不可！小孩是創造世界的主人翁，若全世界的小孩們皆能虔誠的皈依佛教，則佛化全球指日可待。所以小孩學佛，也是傳播佛法到民間去的重要媒介！

第三、要化導學生學佛，佛法才可以傳到民間去。因學生是文化的先鋒，是國家的命脈，是社會的中堅！他們的思想是前進的，熱血是沸騰的，當他們求知欲正在發達的時候，以他們銳利的眼光，和科學的頭腦，來研究文化總匯包羅萬象的無上佛法，而生起信仰來，那麼，信仰一定是純正理智的成果，非同那些盲目附和者可比。法水既流入了他們的腦海裡，定會鼓起萬丈綺麗的浪花，以洗滌心靈深處的一切垢穢。在當學生的時代，若能體驗到佛法的真受用，則將來一旦為教育界服務，當然也是以佛法的至理去薰習弟子的。門牆桃李，既涵養於佛法的大海中，則「見賢思齊」，自然會秉承師道，亦步亦趨地負起護持佛法的使命來！如此，由小學而中學，而大學，佛法隨著教育的力量，遍覆整個教育界以及於全國，並非難事！教育文化，是移風易俗的原動力，所以學生學佛，也是宣傳佛法到民間去的橋梁！

佛法怎樣到民間去呢？說了半天，才得到一個答案，就是：女子學佛，小孩學佛，學生學佛，佛法就可以到民間去。其實女子、小孩、學生，這三種分類，只是就人生過程中各個不同的階段而分明的，若細細的體會一下，其類雖不同，而傳播佛法則一。為了要使得佛學能早日流傳到民間去，所以才方便地分別來說，以謀得多方面的發展。

說到這裡，本題可告結果。但我還要為諸位祝福，因為諸位現在皆是青年的女子，而且正在此地修學佛法，所謂三位一體，完全具足了。那麼，諸位才是真正建設佛法家庭的主人翁，和宣傳佛法到民間去的基本幹部，所以，我希望諸位不要看輕了自己，當埋頭努力，福慧雙修，以備將來推動正法的巨輪，創造佛化的新世界！

《海潮音》第十七卷第五期，一九三六年五月；《菩提心影：人生篇》收錄於《慈航法師全集（下）》慈航法師永久紀念會編輯出版，一九四七年四月

畸形的佛教

諸位法師！諸位親愛的同學！剛才承寄法師的過分誇獎與讚美，實在使我感覺得非常慚愧！法師囑附我，要我將所到過的幾個地方的佛教情形，來同各位作一個詳細的報告，這更使我不知從何說起。記得慈航在七八年以前，在這裡讀書，那時是太虛大師在這裡做住持。後來因為特別緣故，就離此去南洋、緬甸、印度了。但是我對這些地方的佛教，雖然沒有經過詳細的考察，而我個人一向所感到的一些問題，不妨來和諸位談談，並且可以使我藉曾機會告訴各位一些國外佛教的事實。我所感到的問題是什麼呢？就是「佛教怎樣到民間去？」這個問題，我分下面的幾點來說明：

一、中國佛教一向寄存在哪裡

我們中國的佛教，在我個人看起來，一向是寄存在三點上面：（一）佛教在山上。（二）佛教在叢林中。（三）佛教在關房裡。這三點在差不多的人看了一定認為很奇怪！為什麼一個佛教，不在教育上、生活上去求表現，而跑到什麼山上、叢林、關房裡去呢？是的，這是難免要使人懷疑的！不過我認為佛教在山上者，也有原因的：就是我們中國和尚，大都是生活在名山上的多，所以我們常常聽到有人說：「天下名山僧佔多」的話。事實告訴我們，的確是這樣的。現在放開我們的眼光，去向全中國幾個名山觀察一下，哪個山頭不是我們和尚住的。所以我由此推想到，一個佛教徒，不在社會上去作弘法度人利國的工作，積年累月的和世人隔絕在深山裡面，把那最高深、最完整圓滿、最偉大的佛教教理與社會人民脫節，實在是太可惜了！為什麼呢？因為一個教徒，如果能夠把他所信仰的教理，一一播送到世俗苦惱的人世間去，並且能使每個國民都做到信受奉行，那麼，這個宗教，自然也就會飛黃騰達普遍到全世界了。倘若一個教徒，採取那離群索居的主義，長期和世人隔居在那深山裡的話，那麼這個宗教，不但不能盛行在這個人世間，而且還要遭遇滅亡的危險！假使僥倖存在，也不過是跟著他的幾個教徒埋沒在深山裡而已。這是我們應當時刻覺悟和警惕的事啊！

其次，就要討論到佛教在叢林中了。中國的佛教歷史已經有了一千幾百年，因為大部分都是在叢林中講修行，所以全中國沒有哪一省不有幾個古老的叢林。反過來說：一國之中，如有幾個較高的佛學院，使我們新佛教運動的旗幟，展開而普及到全國每個角落去的話，那麼，無疑的就可以把這些古老的叢林裡只曉得幾句「離名絕相」的禪理，和幾句「念佛是誰」的話頭，一變而成為三藏十二部教典的研究處所！那我們不愁中國佛教的事業不能昌盛。這我不是說，要把千百年來寄存在叢林裡面的禪淨來推翻，或者是說它不好！是要想把叢林的佛教推進到社會上去利濟眾生，違不過是我對復興佛教的一點希望罷了。

最後就要說到佛教在關房裡了。中國佛教千百年來，因為都是寄存在深山和禪淨的叢林之下，所以佛陀住世親口所宣說的三藏十二部教典，都緊緊地鎖在《大藏經》櫃中，好像閉關一樣，連與人見面的機會都沒有了，弄得世人不能了解佛學是何物！現僧教育正在萌芽之初，而經律論，仍然還有關在灰塵密密的《大藏經》櫃中，使一班知識界欲求不得，你看這樣怎能不使人痛心！以上所說的情形，完全是千年以來和目前所有的事實。至於將來僧教育如果發達到最高峰的時候，是不是仍舊會這樣，那就要看我們大家努力的程度如何來決定了？現在姑且勿去討論它吧！

二、中國人對三寶的偏信

我們中國人，的確有這種毛病，是專會唱獨腳戲，是專會鬧台上打著單片的鑼鼓，不知三寶是如鼎三足，缺一不可的。竟有許多的人，只信仰三寶中的任何一寶：比方信仰佛寶的，終日念佛拜佛，甚至連買航空獎券，也是念佛拜佛，意思就是要佛菩薩顯個神通，使他中到頭獎，大發洋財！什麼法寶，還不是等於虛文；什麼僧寶，根本就不曾用眼睛去看他！這不是不相信法寶和僧寶，而單相信佛寶嗎？還有單信法寶，不信佛和僧的，說佛是泥塑木雕的，僧是飯桶，只有無上法寶才是我們唯一的崇拜對象。除了法寶以外，什麼我也不相信，這是偏信法寶，而不信佛寶僧寶的。更有一些人們，專信仰僧寶，不懂得什麼是佛法，只信仰一個皈依師父，其餘什麼都不相信的。是的，一個愚痴眾生的思想，總是不健全的，只顧自己一味的蠻幹，對不對且不管！諸位可以看到中國有一位鼎鼎有名的居士，他竟也這樣麻醉了。我說件外國佛教的事情吧！錫蘭、緬甸、暹羅的一個小學生，無論在什麼地方，看見和尚，都知道合起掌來行禮，表示最恭敬三寶之誠意。為什麼一個自號德學兼優的居士，還不如人家一個小學生，真是一件離奇古怪的事！

三、怎樣將佛學插進學校教科書裡去

諸位同學！我們討論到這個問題，未免有點懷疑！因為佛學早為全世界知識分子所公認為高尚的學說，但是，為什麼不把佛學編到各級學校的教科書裡面去呢？我們再三的考察這個原因，不能不怪到佛學太深奧和玄妙。另一方面，又因為佛學除了少數知識份子知道以外，普通的人，很少有得其門而研究的，同時也是因為政治對於佛教沒有關心的關係。佛學多是鎖在《大藏經》的櫃中，與世人很少有會面的機會，所以把這世界上最高上的佛學，幾乎成了沒有理會的東西！我們如果把佛學普遍傳到民間去，就要我們自己聯絡一部分人，組織一個大集團，親自跑到民間去宣傳，使他們各個知道：佛學是覺人救世的唯一良方；清淨佛徒，是一切眾生的大導師！能夠這樣經常努力，不愁學校的教科書不將佛學編入，佛教的革新就是這樣。

就是將來全世界所奉行的大同宗教，也不愁不是佛教來榮膺其位了！

諸位同學！時間只限我講三十分鐘，現在時間已經過了，我就把上面所說的總結一下：就是希望佛教徒從今以後，不再寄在山上，而要寄在民間；不再寄在叢林，而要寄在苦惱的人世間！不要把佛學緊緊的關鎖在經櫃之中，而要把佛學寄在五濁極熾的社會裡。還要希望中國人乃至全世界的人，都要普遍信仰三寶。這樣，才把高深難探的佛學，自然而然的趣向到民間去了。佛教到了民間，為人民所信仰，那才能說佛教是救人救世的。上來很散漫的講了這一點零碎的意思，我自己也不知道對不對？希望諸位法師，和諸位同學們，多多的指導才好。

《菩提心影：人生篇》收錄於《慈航法師全集（下）》慈航法師永久紀念會編輯出版，一九四七年四月

佛法與世法

對於佛教誤會之解釋

世界上一般的人，大多數不知道佛教的真義！所以要引導人們學佛，必須先釋其疑，然後方入正信。茲分數節略加說明：

疑佛教徒是無職業的

人們多以為佛教徒是無職業，整天無事，吃了飯，只是南無阿彌陀佛，對於社會上是毫無利益。這種論調乍聽好像有理，其實不值一駁。試問凡是佛教徒都是沒有職業的嗎？世間上的職業是什麼？當然是：農、工、商、教育、政治、軍警，以及其他……。試問此等職業之中可有佛教徒沒有？恐怕還占多數。例如中央政府林主席、考試院戴長長、司法院居院長、內政部長蔣作賓、朱慶瀾將軍、蔣子民、李烈鈞、張靜江……等等，誰也知道他們是信佛學佛，並且是真正佛教徒，弘揚佛法去覺世覺民的大菩薩。你難道說他們這班軍政黨學大偉人，都是沒有職業的嗎？

至於僧徒學成了的，能宣傳講學者，等於教員；未學成的，在修養研究時期者，等於學生。你說僧徒講學和修學是沒有職業，這等於說「教員學生」沒有職業是一樣的荒謬！

疑佛教徒是迷信的

人們要是不講理，當然是沒有話說。若是講理的話，那麼佛教中的經律論所謂：「三藏十二部教典」是有沒有價值？有沒有理論與事實？若是沒有價值與理論事實的話，為什麼佛教能在印度同那一班都是博學多聞的九十六種異教徒，在講臺上雄辯對抗，把他們弄得結舌無辭屈膝歸降呢？如其不信，請把佛教的經論翻開來研究一下，包你再不敢搖唇鼓舌了。

佛教的書你一本也沒有研究，佛教的道理你一句也沒有聽過，只看見一班燒香的、念經的、拜佛的、持咒的，你自己不懂燒香拜佛念經持咒的意義，就大放厥詞曰：「迷信迷信！」真是同不懂三民主義、五權憲法、建國大綱，國民黨的黨綱內容真意義、真價值一樣地惹人好笑，但見他們開會時懸總理遺像，三鞠躬，靜默三分鐘，唱黨歌，懸國旗，懸黨旗，掛徽章，種種儀式，你就說他們「迷信」，真是膽大包天！

疑佛教徒是分利的

佛徒有二：一僧徒，二信徒；佛教的信徒，固然是各有職業，人所公認，姑不必論。至云僧徒是分利的，試問世間除農、工、商，三種職業是生利外，其他如：軍、警、政、黨、教，較僧徒之一衣一缽，粗衣蔬食之淡泊生活，何啻百千萬億倍？今人不以黨政教育軍警為分利，而獨在最可憐的僧徒身上著想；何不平之甚若是？既非皇帝時代之專制思想，又非赤俄之共產主義，難道禁止這微薄的一衣一飯，不許僧人沾分嗎？我不知道根據什麼理由而說？若謂軍政……雖非如農、工、商之生利，但亦各有其職務，維持社會家人民之秩序，有其應享之權利，依此理由，試問全國數百萬信佛安分守己之民眾，不至流為盜匪而擾亂社會安寧者，誰之能力呢？誰人教導呢？今人不察，知近而不知遠，知小而不知大，世界人口占三分之一的佛教徒，其功績竟被抹殺，未免悖理！教育既不以教員為分利，耶教亦不以牧師為分利，軍警亦不以教練官為分利，而何獨視佛教徒傳道布化勸善改惡為分利呢？反之，則宣傳共產主義，或無政府主義，或為盜為匪行淫亂殺，使國家秩序擾亂，民眾不安，這是生利的嗎？

疑佛教徒是消極的

勸人為善，輔助政教法律之不足是消極；難道貪官、污吏、土豪、劣紳、奸匪……種種的行為是積極的嗎？

再者：世人若要僧徒去代國家為民眾宣傳救國救民的道理，則為僧者先當下決心放棄私我，潛修密行：學戒、學定、學慧、學教、學淨、學密；這種種的工夫非修養不為功。當初釋迦牟尼，歷代宏法高僧，以及現代的太虛大師、印光法師、虛雲和尚等，人人都知道他們是大善知識；假如他們當初不下一番潛修苦行，怎能教化人民？若太虛大師，連歐美人士也被他慈悲智慧所感化。所謂「千人食飯，一人還錢。」你能夠說僧徒都是吃飯不做事分利的人嗎？至若不自修，不宏教，以佛教為依賴生活者，則又等於養老院與孤兒院，自應力圖振新改良，但若不設此等方便，以收服野心，則恐土匪流氓會超過現今百千萬億倍之多。佛教有功於國家，而有一部分人對於佛教僧徒懷著鬼胎，一向抱輕視的態度。我真不知其理由何在？

疑佛教徒是亡國的

印度、緬甸、日本、暹羅等國，都是信奉佛教的，但為什麼暹羅、日本是一個新興的強國，而印度、緬甸會被英人征服呢？這個原因，乃由於印度婆羅門教復興，異教侵入，思想散漫，團結不一，邪說蠭起，故有今日印度之拜牛、拜狗、拜火、拜水、拜生殖器，種種之怪現象以致亡國。而緬甸，亦正由不知佛教大乘教義能輔國救民之旨，以致被英人征服。反過來說：暹羅、日本，朝野上下，篤信佛教，始終如一，所以才有今日的興起。

至謂假定全國人民都效僧徒之節欲，則滅種無疑，此乃偏見之談。佛教的信徒，所守的五戒中，第三條「不邪淫戒」，是戒其非禮勿淫，並不是說凡是佛教徒都不結婚。不過僧侶不結婚，是一種制度，而僧侶人數很少，好像天主教的神父一樣，怎麼會影響滅種呢？況且佛教欲令一切有情「悉皆成佛」，無人天畜鬼之階級，達到真平等、真大同、真自由之領域；此正是佛教徒積極圖成一和平無爭極樂國之目的，怎麼會亡國呢？

疑佛教徒是腐化的

腐化是不進化的別名；世人以猿類進化為人類，不知既由畜類而進化為人類，則可以由人類進化為天類、為羅漢類、為緣覺類、為菩薩類、為佛類。而甘受為人，不願進化成佛；甘受苦惱，不願進化快樂；甘受穢土，不願進化淨土；而以此世界人生被老、病、死、求不得、怨憎會、愛別離、濃、血、屎、精、穢之五陰身，為進化；反謂脫離人世之苦惱，求清淨快樂之佛土為腐化，何異廁中之羌蜋，屍邊之蠅虻，甘為逐臭，而不願脫離，亦不知別有人世呢？其所謂腐化，進化，我不知以何為「定義」？豈以勸善改惡為腐化，以殺人放火無惡不作，人欲橫流為進化嗎？

《菩提心影：釋疑篇》一九四五年馬來西亞星洲菩提學院與檳城菩提學院眾弟子發心敬印；收錄於《慈航法師全集（下）》慈航法師永久紀念會編輯出版，一九四七年四月

佛教與佛學

佛教、佛學、佛化、佛法，從普通的一般眼光來看，似乎沒有什麼分別，但是過細思索一下，它每一個名詞，都有它的用意與解釋的，否則為什麼不用一個就夠了呢？諸君要知道這個原因，就請看下面的解釋：

在未作解釋之前，先將四個標題，略加說明。

一、佛教——教育
二、佛學——學理
三、佛化——化導
四、佛法——法則

佛是具足「自覺」、「覺他」、「覺行圓滿」三個條件的大覺悟者，換言之，就是自利利他與福德、智慧圓滿的一個人。諸君類多已明，茲不詳釋。

怎樣叫做「佛教」呢？教是教育，佛教就是以釋尊倡行的教育去改造人類的惡行變成善行，破除生死的煩惱，以及出世間一切圓融無礙的意思。

怎樣叫做「佛學」呢？學是一種至高無上的學理，可以使人類根據這種學理，達到成佛的願望。所以這個學理，也就是學佛人的一種工具。

怎樣叫做「佛化」呢？化是化轉引導的意思，能夠用各種方便化轉引導眾生，從染污中變成清淨，從凶暴中歸於道德，從生死中求得不生不滅、種種圓融無礙的正道，所以叫做佛化。

怎樣叫做「佛法」呢？法是法則，具有兩個條件：「任持自性、軌生物解。」譬如火車的鐵道，能保持它的自性，不與其他樹木石頭等雜亂失其自相，叫做「任持自性」。火車從上面走過，有條不紊，叫做「軌生物解」。如桂花能保持它的自性，不與其他樹木草石乃至其他的花卉雜亂失其自相，也叫做「任持自性」；又如人見了桂花，決定知是桂花，不會生其他荼花荷花等知覺，叫做「軌生物解」。但這個範圍極大，凡是世間人物山河，及種種名言文字，乃至心中思維所到，或者修行親證所得的，統統叫做法。所以我們佛教，教化人群，實在是至深至廣啊！

現在我們既然有了佛教、佛學、佛化、佛法，這四種寶鑑，作為我們學佛的依據，為什麼我的題目，又祇用佛教與佛學呢？因為「佛教」與「佛化」，同是教化的作用，可以攝為一類。「佛學」與「佛法」，同為教化的一種工具，也可以攝為一類。所以我的題目定為「佛教與佛學」。

現在分作「教」、「理」、「行」、「果」，四段來討論：

怎樣叫做「教」呢？凡釋迦牟尼所說的一切經典，通叫做教。乃至依釋迦牟尼經典所產生的歷代大德著述，亦叫做教。現在流布全世界的，總合起來大約可分為四大系：

一、巴利文系

二、藏文系

三、華文系

四、英文系

一、巴利文系——乃印度一種方言的白話文，類多用於小乘經典。所流布地點為：緬甸、暹羅、安南、錫蘭等處為特多。

二、藏文系——乃接受印度文雅語梵文的一部分，及中國唐太宗時中國文言文一部分，密宗為最多。現在流布於尼泊爾、蒙古、西康等處。

三、華文系——印度的方言白話文和雅語的梵文都有，教義則包含大、小、顯、密各宗；現流布地域為：日本、朝鮮、西藏等處。

四、英文系——最近輸入歐美各國的，類多印度、中華、日本的雅語文，和錫蘭等處的巴利語的方言文，但均以英文為基礎，故統屬英文系。

若是歸納起來，無論是巴利文、藏文、華文、英文，統統都是釋迦牟尼佛的「教」法，所詮的不出「理」「行」「果」。不過講到這裡，又似乎麻煩了！怎樣呢？經典有這麼多，《華嚴經》有《華嚴經》的道理，《法華經》有《法華經》的道理，《般若經》有《般若經》的道理，形形色色，豈不又麻煩了嗎？其實，有四個道理就可以統攝，哪四個呢？

一、五法三自性
二、八識二無我
三、諸法畢竟空
四、法界無障礙

怎樣叫做五法呢？一、名，二、相，三、分別，四、正智，五、如如。

怎樣叫做三自性呢？一、遍計所執自性，二、依他起自性，三、圓成實自性。

「名」是什麼意思呢？茶杯有茶杯的名，桌子有桌子的名，這個便叫做名。「相」是什麼意思呢？茶杯是圓相，桌子是方相，這個便叫做相。「分別」是什麼意思呢？茶杯它不是自己稱為茶杯，桌子不是它自己稱為桌子，圓相方相，它不是自己稱為圓相和方相，乃是世間眾生由一念「分別妄想」心所生起，因此就有生死等苦的流轉，所以叫做「分別」。

五法已說明了三個，現在再來講第四、第五。

世間上沒有一事一物，不是相待而有的——如高、低、大、小，一、異、空、有等。既是相待而有，那麼，名相的對方是什麼呢？當然是遠離高、低、大、小，一、異、空、有、無、斷、常，增、減、生、滅，去、來……種種分別名相的境界，這個無分別的境界，如理如量，所以叫做「如如」；但是怎能證到這種無分別的境界呢？那麼，當然是需要離分別的「正智」，方能親證這如理如量的境界。這是一種出世間的智慧，所以叫做「正智」。

還有一點，應當明白：這個如如境界，要我執、法執，完全斷盡的佛，才能完全證到，但破我執的羅漢，祇能證一分。

五法已講了，三自性又怎麼講呢？

一、遍計所執自性——凡夫異生，於一切事物，周遍計度長短、方圓、有無、來去種種名相，完全空無所有，如石女兒、兔角杖。例如：說火不能燒口，可見名字不能詮火；說茶不能解渴，可見名字不能詮茶。這一類的妄分別，唯凡夫異生所執，所以叫做「遍計所執自性」。

二、依他起自性——依托眾緣的他而無自性，如幻假有，所以叫「依他起自性」。

三、圓成實自性——於依他起性上，遠離遍計所執名相等的妄分別，成就圓滿無礙、真實不虛的正智，所以叫做「圓成實性」。

五法三自性都講完了，現在講第二句：八識、二無我。怎麼叫做「八識」呢？一、眼識，二、耳識，三、鼻識，四、舌識，五、身識，六、意識，七、末那識，八、阿賴耶識。

怎麼叫做「二無我」呢？一、人無我，二、法無我。

眼耳鼻舌身五識，以明了取外境的：色聲香味觸五塵境界為用。如鏡照物，不起名言計度，若是起了名言計度，便是和第六意識中一分同時意識俱起。

到了佛果位上，他便轉為成所作智。諸佛現微妙色身和國土度眾生，都靠著它的力量。

第六意識，依第七意得名，意思是說這個識，乃是意的識，以一方面和前五識同起取色等境。又一方面緣過去、未來、法塵影子為用，就是我們通常認為自己的這個心。它的力用最強，流轉生死，是由它種種執著，成佛也靠它，作我空法空二觀，它第七識不執我，生死才得斷。到了佛果位上，它便轉成妙觀察智。諸佛觀機度生，種種說法辯才，都靠它的力量。

第七末那識——中國叫做意——含有思量的意思，以念念不斷，從無始乃至未成佛前，決定執著第八識見分是我為用。

若是前六識我法二空觀完全成功，它便不執，佛果位上，轉為平等性智諸佛運無緣平等大悲，現微妙色身，而十地菩薩所見各各不同，都靠著它的力量。

第八阿賴耶識——中國叫做藏識——含有能藏、所藏、我愛執藏的三個意思。

怎麼叫做能藏呢？世間一切法，無論有形無形，他都能夠含藏，所以叫故能藏。例如：我曾與某人見過面，但是時間上已過了幾十年，已經不記不憶，忽然一旦會面，仍能認識，這個便是能藏的力量。

怎麼叫做所藏呢？世間一切法，現起行為，藏識被覆，似乎不顯，所以叫做所藏。

怎麼叫做我愛執藏呢？第七識念念執著第八識的見分為我，貪愛執著故。

它還有一種偉大的功用——凡有形的色法無形的潛在功能，它都能執持，使不失、不散、不雜。

執持那幾種呢？共有三種：

一、執持無知覺的山河大地的「依報」世間

二、執持有知覺的眼耳等根身的「正報」身子

三、執持不能看見的一種潛在功能的種子

第七識若是不執著我的話，到了佛果位上，藏識它便轉為大圓鏡智，普照十方塵剎，無障無礙。

怎麼叫做人法二種無我呢？最初的淺說，都應當這樣觀察：

現前這人身子，用正智觀察，眼有眼的主宰，耳有耳的主宰，鼻有鼻的主宰，乃至意有意的主宰，好比將雞鳥魚狗蛇等拴在一處，各有各的趣向，找不出一個一定的主宰來！由這種觀察久久力純的結果，生出一種真智，知道這個身心內面實在無我無主，將我執丟掉，便叫做「我執空」。連這個知我空的真覺都棄掉，便叫做「法執空」。由這個道理，所以第三句便曰：「諸法畢竟空。」

這是說一切法是畢竟空，是由不可得故空，是當體空，不是要將茶杯打破，桌子拆爛才空。凡是：人、天、修羅、地獄、餓鬼、畜生、緣覺、聲聞、菩薩、佛，十種法界，都是如同百千盞燈燃在一間屋中一樣，彼此相攝相入，無障無礙，故第四句曰：「法界無障礙。」

上面所說的，凡明了「我空」的道理，「阿含經」、《俱舍論》等一類的書即是；明了「八識、二無我」的道理，《楞嚴經》、《成唯識論》的一類的書即是。「法界無障礙」的道理，《華嚴經》一類的書即是。

「教」已說過了，「理」也說過了，現在所要說的，便是「行」。怎麼叫做「行」呢？總括起來，不出下列四種：

一、律行——依小乘大乘律儀，防護身口意三業。

二、淨行——清淨身口意三業，念佛憶佛。

三、禪行——不淨、數息、四禪、四空、三止、三觀、法界觀、般若真空觀、五重唯識觀等。

四、密行——三業清淨，便證不思議境。

我們為什麼要去實行呢？法也聞了，什麼我空、法空、我執、法執、真如、佛性、菩提、涅槃等等道理，都明白了，還要修什麼行呢？你試試看：人家打你一下，你會暴跳如雷，打碎了一個茶杯，便會唉聲嘆氣，死了個兒子，便會哭天呼地，連命都不要！這樣看來，不實行可以嗎？但是實行最好的方便，是不要過於性急，一定去避境存心，勞形弄影，頂好拿「我空」、「法空」的道理，去應付世間一切萬緣，隨事遣除，漸漸修習。那麼，一方既不虛度光陰，一方又莊嚴佛地的功德，既有正「因」，又何患不成佛「果」。

果亦略分為四：

一、信果——信果，就是對於佛、法、僧三寶的功德，已起信仰恭敬心，比較不信者，亦名得果。

二、聞果——聞果，就是對於三寶信了之後，又能進一步研究佛經，聽聞佛法，比較徒具信心而不聞者為進一步。

三、思果——思果，就是聞法後，過細詳察法性，隨順入觀，比較徒具信聞而不思者更進一步。

四、修果——修果，就是既思惟隨順，又能如實修持，例如思惟「我空」、「法空」，日用應緣，對治一切環境，這又更進一步。

上來教、理、行、果四個都已說了，那麼，這種功德莊嚴的佛果，到底從那裡來的呢？「發心畢竟二無別，菩薩以此初發心」；我們應當知道最後成佛，離不了當初發心時的一念信心。《法華經》云：「一舉手，一低頭，皆共成佛道。」若是我們打破了時間的妄想，那麼，當然相信釋迦牟尼佛這種道理，是真語者，如語者，實語者，不誑語者，不異語者。明白了這個道理，就請照著下表一步一步實踐去，一方自己隨事遣除，一方普利眾生：

（發心　成佛）

一、未信者令信。
二、已信者令住。
三、已住者令增長。
四、已增長者令究竟。

上面這段談話，就是先要使人知道佛教與佛學，不容糊混。佛教好比藥方，佛學好比藥味。中間廣明「教理行果」，乃是將藥方、藥味，揉和起來，成為一個佛法大系。附表於下：

佛法大系

- 教
  - 一、巴利文系
  - 二、藏文系
  - 三、華文系
  - 四、英文系
- 理
  - 一、五法三自性
  - 二、八識二無我
  - 三、諸法畢竟空
  - 四、法界無障礙
- 行
  - 一、律行
  - 二、淨行
  - 三、禪行
  - 四、密行
- 果
  - 一、信果
  - 二、聞果
  - 三、思果
  - 四、修果

《菩提心影：法教篇》收錄於《慈航法師全集（下）》慈航法師永久紀念會編輯出版，一九四七年四月

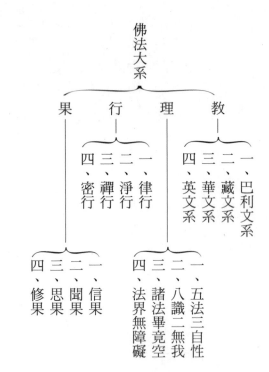

宗教研究

諸位！今天我要提出宗教研究來和大家討論。為什麼要講這個問題？因為有些人，對於宗教往往抱著一種懷疑的態度，尤其是現在一部分青年人，對於宗教更看不起！他們以為在這二十世紀科學昌明的時代，用不著什麼宗教來迷信人；科學能分析實驗，宗教尚談玄說妙，是烏托邦的；不把他破除，有什麼用處呢？其實，玄妙不玄妙，還是另一個問題，我們要先把「宗教」二字的意義弄個清楚，然後才知涇渭之分。

宗教的意義

宗教的定義，各有各的說法不同，如一般人說：宗教是有儀式的（禮拜式），今依邏輯學來說：

凡有儀式者皆是宗教　（大前提）

耶教和佛教是有儀式　（小前提）

故耶教和佛教都是宗教　（斷案）

果如此說，則：

凡沒有儀式者即非宗教　（大前提）

國民黨沒有儀式　（小前提）

故國民黨即非宗教　（斷案）

此理不成，國民黨也有儀式，如開慶祝大會及追悼會，或各機關舉行紀念週等，都有隆重的儀式：向國父遺像行鞠躬禮，或為陣亡將士致哀靜默三分鐘等，這為何不說他也是宗教呢？

又有一種人說：宗教是有團結的，以團結為宗教，他的邏輯是：

凡有團結者是宗教　（大前提）

耶教和佛教是有團結　（小前提）

故耶教和佛教都是宗教　（斷案）

若如此說，則：

凡沒有團結者即非宗教　（大前提）

國民黨沒有團結　（小前提）

故國民黨即非宗教　（斷案）

此理又不成，國民黨是有深固的團結，如何說不是宗教？又有一種人說：宗教是有教理的，以教理為宗教；如此則說：

凡有教理者是宗教（大前提）
耶教和佛教有教理（小前提）
故耶教和佛教都是宗教（斷案）

以此而說，則：

凡沒有教理者即非宗教（大前提）
國民黨沒是沒有教理（小前提）
故國民黨不是宗教（斷案）

此說又不成，國民黨是有很好的教理，如三民主義、五權憲法、建國大綱，為何說他不是宗？或有人言宗教是有道德的，如說：

凡是有道德者是宗教（大前提）
耶教和佛教是有道德（小前提）
故耶教和佛教都是宗教（斷案）

此理又不成，因國民黨也有救國救民的道德，難道也是宗教嗎？又有人說：合儀式、團結、教理、道德而為宗教，那麼以邏輯來說：

凡有儀式團結教理道德者為宗教（大前提）
耶教和佛教有儀式團結教理道德（小前提）
故耶教和佛教為宗教（斷案）

依此而說，則：

凡沒有儀式團結教理道德者皆非宗教　（大前提）

國民黨是沒有儀式團結教理道德　（小前提）

故國民黨即非宗教　（斷案）

然又不成，國民常是有儀式、團結、教理、道德的，亦非宗教。

綜上觀之，則諸說皆非。上面破了他人，同時自己必要豎立一種正義使人家明白瞭然才是，我不知道那部分青年人開口打倒宗教，破除宗教，是要破除哪一種宗教？依我的解釋，宗教是有兩種定義：一、寬義，二、狹義，現在先釋寬義的宗教：

宗者「宗旨」，教者「教化」，即是「以自己的宗旨，去做教化他人」，此說也許為大家所公認吧！如國父創造三民主義一樣，在他以前的古人，有發明三民主義沒有？就是在他同時的人，能發明嗎？只有他一人能發明這博大的主義，推而達爾文主義、馬克斯主義、孔夫子主義、耶穌主義、穆罕默德主義，乃至釋迦牟尼大慈大悲救世主義，都是以各人發明的主義而化導他人！那些無理智的人，像服了興奮劑似的，一開口便說要打倒宗教啊！那麼，要打倒就應該統統打倒！不打倒就一齊不可打倒；因為從寬義上說，這些都是宗教！若從狹義上說，則是：

「凡主張神能創造宇宙或主宰宇宙者便是宗教」，那麼應歸於一神、多神、泛神等教才對；如耶教之上帝，回教之真宰，婆羅門教之大梵天王等，這才是宗教。

佛教不是宗教

從寬義上說，佛教固然是以釋迦牟尼佛救人救世的宗旨，去宣導教化一切眾生，這也可說是宗教；然而從狹義上說，佛教絕對不是宗教，因為釋迦牟尼佛不但沒有主張宇宙人生是什麼神創造及主宰的，而且還極力反對有主宰者！試觀三藏十二部教典，哪一部中有說宇宙是佛創造的，或佛主宰世界？諸位若有研究印度歷史的人，便知道當時釋迦牟尼佛，原生自貴族，為利他心切，捨王位而出家，那時印度婆羅門教大興，階級制度非常森嚴，而釋迦佛欲打破當時固有階級不平等的制度，而主張四姓平等，所以毅然的創立佛教，這都有歷史可考的。而從前印度聖雄甘地，也在聲嘶力竭地吶喊團結，以身作則，倡導平等、自由。

佛教含容一切

上面說過，從寬義的宗教上說，佛教也可稱為宗教；然在狹義的宗教來看，佛教實在不是宗教。那麼，佛教究竟是一個什麼東西呢？這是大家聽到這裡不約而同的懷疑？現在讓我老實告訴你：佛教就是佛教，它的內容包括一切，說它是文化也可，說它是宗教也可，說它是哲學也可，因為佛教實帶有文化、宗教、哲學的性質，這是不事諱言的事實，但是不可呆板板地叫它是宗教……是什麼？這就不是佛教的真義了！這在太虛大師所講的佛教與佛學裡面，說得非常透澈，稍有留心的人，也就知道佛教究竟是什麼？不但說佛水是文化宗教哲學可以，就是說佛教是政治、法律、軍事、科學也無不可。佛教三藏十二部教典裡面，實在是無所不備，無所不容的，可以說他能治理人民的事物——政治，又能範圍人民的心——法律，並能制服人民的暴性——軍事，又能分析而實驗——科學，是創造文化的結晶，是最高道德的宗教，是宇宙人生的哲學，及包含天文、地理、教育、論理、心理、衛生、音樂、美術等。總而言之，佛法是包括一切法，是融和一切法、一切事、一切物、一切教、一切學，非一非異，非即非離，不是呆板板的那一法，而是活潑潑地融攝一切法。因此，我們要知道，佛教有大乘法和小乘法，乘者運載之義，小乘如手車、腳踏車一般，只乘一二人；大乘如汽車、火車一樣，能運載很多人。大乘佛法是積極救人救世的，絕不是像一般所想像——消極逃世——的，如地藏菩薩說：「眾生度盡，方證菩提；地獄未空，誓不成佛。」釋迦牟尼佛說：「我不入地獄，誰入地獄？」不但入地獄，還要常常住在地獄裡面教化眾生。由此可見佛教積極救世之一斑。而佛教是不是宗教？是什麼？請諸位仔細想一想！便可迎刃而解了。

《菩提心影：釋疑篇》一九四五年馬來西亞星洲菩提學院與檳城菩提學院眾弟子發心敬印；收錄於《慈航法師全集（下）》慈航法師永久紀念會編輯出版，一九四七年四月

佛教與一般宗教之異同

什麼是宗教

關於這個問題，我從前曾看見過上海世界書局出版的「ＡＢＣ叢書」裡，有一本書叫做《宗教學ＡＢＣ》的書，這本書裡面關於「宗教的定義」，舉出各國有名學者的說法。我記得：有的說宗教是有儀式的；有的說宗教是有教義的；又有一種人說宗教具有道德的；還有更好笑的，是說宗教是迷信的。雖然，他們公說公有理，婆說婆有理，然而都沒有把宗教的癢處抓到！怎樣知道呢？試問不是宗教就沒有儀式、教義、道德、迷信嗎？請去一樣一樣的審察一下，自然會知道這種說法是錯誤的！

我的宗教觀

我以為宗教有廣義和狹義的兩種：若論廣義的宗教，「宗是宗旨，教是教化」。那麼，凡是自己有一種宗旨，想去教化別人，這範圍就可大到無量無邊了！因為世間上的一切文化、教育、政治、法律、主義，那一項是沒有宗旨的，又那一項不是教化人的東西呢？若論狹義的宗教，那是以神為主，神之中又有一神教、多神教、泛神教之別，而以神為創造者、主宰者，那都是一樣的。因此，我們可以用個三段式：

大前提——凡主張神是創造者及主宰者就是宗教。

小前提——耶教回教婆羅門教他們都是信仰神的創造和主宰。

斷案——故耶教回教婆羅門教都是宗教。

佛教是宗教嗎？

因為佛教中的經典，是反對神的創造和主宰的說法，根本上就不承認有這件事！佛法說：宇宙萬有、山河大地、人類、禽獸，都是自業、共業之所感，唯識所變，唯心所現的。諸法從緣起，這是佛教對於宇宙人生事物的基本看法。由此可知佛教絕非宗教。然而有人主張：極樂世界是阿彌陀佛所創造的，於是錯謬百出，就有下面許多被人責難的地方：

一、阿彌陀佛既能創造極樂世界，那麼，為什麼又不贊成上帝也能創造世界呢？

二、極樂世界既是阿彌陀佛創造的，那麼，娑婆世界你就不能不承認是釋迦牟尼佛創造的了。

三、然而極樂世界為什麼創造得那麼美麗，而娑婆世界又創造得這樣的惡濁呢？是否釋迦牟尼佛的功行，不如阿彌陀佛嗎？那未免太冤屈了老師呀！

四、若說極樂世界是眾生淨業所成，那麼，娑婆世界當然也是眾生的惡業所成。所以我的結論便是：極樂世界淨土裡面的一切的一切，都是同修淨業的眾生共同召感的，絕不下一人或一神所創造的。也可說是「業力」「心力」「法力」之所成。不過「帶業往生」這句話，到現在是不能隨便用的，免得縱人作惡，而極樂世界，反變成垃圾桶，逃亡藪了，未免惹譏誚！

《菩提心影：人生篇》收錄於《慈航法師全集（下）》慈航法師永久紀念會編輯出版，一九四七年四月

佛學與科學

科學是什麼

科學是分科研究的學說。例如：天文學、地質學、生理學……乃至政治學、法律學、經濟學、軍事學、衛生學等等學術，都要分科去精密研究，不可以儱侗言之，這就是科學的定義。其內涵的原則有三：科學第一個原則，就是要重實驗。例如：眼能見到的色，耳能聞到的聲，鼻能嗅到的氣，舌能嚐到的味，身能感觸到的冷暖痛癢，所謂：五官能直接感覺到的東西，不參加絲毫意識在內，這就是科學。如果五官真不能直接覺到的，那只好請儀器來幫忙！例如看不到的微生蟲菌，利用顯微鏡來驗明；見不到的過遠景物，利用望遠鏡來顯現；其餘聽不到的聲音，利用電話和收音機；甚至國防上用雷達網，醫療上用X光鏡，世間一切不能解決的事情，都可以利用科學的儀器來幫助。真正的科學家，他不肯隨便的武斷說永遠的沒有，他一定會說：我正在研究，等我研究成功了，我一定會向大眾報告，這又是科學家的態度。

科學第二個原則，就是要能分析。例如：好好的一個人，他可以用化學來分析，說人是由十四種元素所構成。因為一件事物，如果要得到實驗的目的，不能不用分析法；不然的話，一樣東西也實驗不出來！例如說：地球是由許許多多「分子」所構成的，而分子又可分析成「電子」，及「原子」等的一再分析。而所謂細胞、毒菌、微生蟲……這許多東西，都算是細中之粗了。

科學第三個原則，就是要有系統。因為單用分析，還是不能得到正確的實驗，不然的話，這樣一個散巴巴零碎的東西，怎樣可以成立一個名物？所以要有系統的推求與考據，方算正確。例如：你不要以為是一個散巴巴的林姓，如果「曾孫」而推至「孫」，由「孫」而推至「子」，由「子」而推至「父」，這樣一代一代的推上去，必定是有最初的始祖……一代一代的傳下來，有本有源，人是這樣，而樹木由根而幹，而椏、而枝、而葉、而花、而果也是一樣。一個國家，所謂：省、市、縣、區、鄉、鎮、里、鄰、戶又何嘗不然。尤其是每一個人身上血脈筋絡的系統，那更是絲毫不亂的啊！

佛學中含有科學

有人問：佛學中有沒有科學呢？答曰：有。例如：佛學中有天文學，佛學中有地質學，佛學中有政治學，佛學中有法律學，佛學中有經濟學，佛學中有衛生學，佛學中有生理學，佛學中有倫理學，佛學中有論理學，佛學中有心理學……。這不是我亂開名單，我們可以聚集許多的專門學者，把佛教的藏經分門別類來研究，你就會發覺！佛教的文獻，不但是一部「百科全書」，而且是一部「萬有文庫」呢！這有佛教的《大藏經》可以證明，不是由你我可以隨便的說一句「是」或「不是」的。

在近代科學中發明的顯微鏡和天文臺，究竟有多少年的歷史呢？哪知在二千年以前，佛教的教主——釋迦牟尼，他就告訴我們：一缽水裡面，有許許多多的細蟲，誰人看見？那不是迷信嗎？天上除了我們看到的日月星辰之外，還有許許多多的星球，而星球裡面也有人，你相信這些話嗎？可是現在科學的發達，由天文臺上已證實，火星裡有人，這又有誰敢反對呢？

佛教有一部《瑜伽師地論》，把宇宙萬有一切法，分門別類的歸納起來，一共有「六百六十法」。還有部《百法明門論》，束成為百法。還有人身上是三十六物組合所成的。可見說到現在科學上的分析方法，佛學上只有過之而無不及。

有人說：科學是屬於唯物的，而佛學是屬於唯心的，那完全是片面觀，只是一種偏見。要知道從前「科學是在哲學裡面的」，所以哲學就包括了科學，而哲學的範圍甚廣，所謂：培根、洛克、休謨等的經驗派，是屬於主觀唯心論。一到了黑格爾，他們又主張客觀唯心論。而康德、叔本華，又說是意志唯心論。詹姆士等，又主張經驗唯心論。而柏格森等又說是直覺唯心論。還有康德、愛因斯坦的存疑唯心論。到了現在的羅素，又有新實在論的發現。因為這樣一來，唯心論既然交給哲學家專門去負責，所以是科學附屬於哲學。而現在又是哲學附屬於科學中去研究，這不是同天文學、地質學……一樣的去專門研究，可見科學裡面是包含了哲學，那裡可以說：科學是單屬於唯物而沒有心法？試觀沒有心的人，怎樣去研究一切的科學呢？

至於說到佛學是唯心，而不是唯物，那更是外行！不知道佛學上所講的世間法，不出「三科」「七大」，而「五蘊」中的「色蘊」，「十二處」中的「五根」和「六塵」，「十八界」中的「十界半」，「七大」中的地、水、火、風、空前五大，那一樣不是說的物質。所以說科學是唯物，說佛學是唯心，那不過是人云亦云罷了。

說到佛學上系統，就是部《俱舍論》已經用不了，世間上一切學說的組織法，也不能再比它好，這都是有書籍可據，並不是說自己的生薑比別人辣。

佛學能輔助科學入正軌

科學給我們人類的利益，平心而論，不能不感謝它的恩惠！從前油燈如豆，現在電燈號似日。從前人力及土車，現在汽車、火車、輪船、飛機，交通方面實在是便利得多，只好說一句「物質文明」罷了。然而從前關雲長那樣利的刀，一天賣力的能殺死幾個人呢？薛丁山那樣的眼力放箭，一天能射倒幾個人呢？而現在的炸彈，尤其是原子彈，以及將來的新武器，不但五分鐘就可以消滅整個的人類，連禽獸草木也要同樣的遭殃！試問：世界上人類和這許多歷史上建設同科學有什麼冤仇，而必須把他破壞毀滅呢？這些光顧，難道也要感謝科學的恩賜嗎？恐怕不肯吧？怪科學不好嗎？不是。這正如：飛機、輪船、汽車、火車，它們本身上只有利人而沒有害人。科學本身，本來是給我們人類生活上能有美滿的受用；然而無情的人類，即利用此來作殺人鬥爭的工具。還有一些人，總以為學佛是迷信，無補於世界及人類。唯有偉大思想家的國父孫中山先生，他說：「佛學能補科學之偏」。「佛學是救世之仁」。「佛學可以輔法律所不及」。這真是所見遠大啊！

吾人研究與使用科學，多偏在物質之競爭，而失了仁慈之心念。以致科學越發達，人類越受苦，則又何貴乎有此科學！是故欲救科學之弊，必須有仁慈心的人，主持使用之，方不致盲目出軌！

科學與佛學的不同點

一、科學是向外研究的，而佛學是向內精修的。
二、科學是世間上有漏聰明，而佛學是出世間的無漏智慧。
三、科學是借用儀器，而佛學是借用內心——戒定慧。
四、科學只是物質建設，而佛學卻是心理建設。
五、科學經一人發明之後，大家便可照樣去模倣製成；而佛學卻是各做各的，「如人飲水，冷暖自知」，工夫境界，實由各人自信、自解、自行、自證，而各各不同，非可以替代而冒充的。

《菩提心影：法教篇》收錄於《慈航法師全集（下）》慈航法師永久紀念會編輯出版，一九四七年四月

世法與佛法的不同點

世間的學說，是用第六意識分別出來的。例如文學家、哲學家、科學家等，用的都是第六意識。這第六意識，普通叫做思想。人的智慧有限，所以思想言論也是有限；好像池中的水，是有窮盡的。佛的智慧超人，所以他說法，是由真心流露出來的，像有源之水，「無有窮盡」。水源有清有濁：清的源，流出的水是清的；濁的源，流出的水是濁的。佛說法既然是由真心流露出來，所以源頭是清的。世間的學說縱使有源頭，也是濁的；是生死流。例如世間上的書，誨「殺」的如《三國志》等，誨「盜」如《水滸傳》等，誨「淫」的如《金瓶梅》等，都是誘人走向黑路，教人去殺盜淫。佛說法則不然，大家看看佛經上一句一字，都是教人為善的。佛心的源頭清淨，發出的言論，當然也就清淨了。或許大家要問：「佛是人，我也是人，為什麼佛說法源頭清淨，我的源頭就濁呢？」須知佛的修養工夫，經過三大阿僧祇劫，加上出家後五年的遊訪，六年的苦行，方得清淨的源頭。假如你的修養，同佛一樣功深，你的源頭自然也是清淨的。譬如說：我的寶鏡為什麼照不見我自己的面孔呢？因為有塵垢的遮蔽。我們的心鏡，被七情六欲所覆，以致本來是光的明體，得不到明的作用，如同寶鏡為塵垢所遮蔽一樣。佛的修養，就是磨光刮垢、恢復本來的光明，得到無始的清淨。我們的本體是同佛一樣的，只要修養，心光就可顯現。經上說：「心佛眾生，三無差別」；這是說眾生的「體」與佛相同，至於「用」那可就不一樣了。修養的工夫，先由「戒」到「定」，再由「定」到「慧」，好像一瓶水，不許大家動，這就是「戒」。不動則沙土向下沉，這就是「定」。定了以後，水面就有光，能照人照物，這就是「慧」。有了慧，則心鏡的功用就可同佛一樣。三藏十二部經典，都是由佛心自然流露出來，並非事先預備這樣講出來的。由此可知凡夫與佛不同的地方，只是心鏡清淨與不清淨的不同。清淨的心鏡，無「煩惱障」，亦無「所知障」。什麼叫做「煩惱障」？就是心鏡上染了貪、瞋、癡、慢、疑、不正見的六種根本煩惱；和忿、恨、覆、惱、嫉、慳、誑、諂、害、憍的十個小隨煩惱；無慚、無愧的兩個中隨煩惱；掉舉、昏沉、不信、懈怠、放逸、失念、散亂、不正知的八個大隨煩惱。有了這些煩惱，心鏡自然不能清淨，所以叫做「煩惱障」。什麼叫做「所知障」呢？所知是境界，能知是心鏡，有些人以為自己的智識高，學問博，不肯再求深造，由是能知的心鏡，自起障礙，不能明察精觀所知的鏡界，這就叫做「所知障」。有了「煩惱障」和「所知障」，就有「我執」和「法執」。佛破了「我執」和「法執」，故證得「我空」和「法空」。凡夫與聖人相同的是真心，不同的是業障之有無。我們明白此理之後，便知世間學說與佛法不同之點：就是由於心鏡的清淨與否「而有差別」的。所以說：「欲除煩惱須無我，廣學菩提可救人。」

《菩提心影：法教篇》收錄於《慈航法師全集（下）》慈航法師永久紀念會編輯出版，一九四七年四月

法義述略

我的生活觀

緒論

為什麼要生活？是因為有生命。設若沒有生命的話，那我以為可以用不著生活。而生命不單是人類獨有，即禽獸亦有了。既有生命，就要有生活來維持，假定沒有生活來維持，則生命就難以保存！雖人畜之生活方式有不同，而維持生命則一也。今以人言人，其生活約為十種：

本論

一、一般的生活

我們是人，不能同牛一樣可以吃草，所以要吃飯；我們是人，不能和禽獸一樣有毛羽，所以要穿衣；我們是人，不能和野物一樣有巢穴，所以要住屋。我們人類，除了這衣食住之外，還要其餘的用物多得很，總說一句：只要有了代表（金錢）一切都可以解決！所以一般人的生活，只要有衣可以遮體，有食可以充饑，有屋可以避風雨。一切的一切，只要過的是人的生活，也就心滿意足，這就是一般人說的生活。

二、縱欲的生活

一般人以為只要過的是人的生活就滿足，而事實上另有一種人，就不能這樣安分。不單是遮體而已，並且要綾羅綢緞；不單是充饑而已，並且要美酒羊膏；不單是避風雨而已，並且要雕梁畫棟。就是這三件事算了罷？不見得！跳舞、打牌、看電影……一切的一切，只要能使他們的五欲滿足，任情縱意，家裡有幾個老婆還不夠用，還要到外面去打野雞狎妓！錢從何來？那你只好去請問他自己。這叫做縱欲的人生觀。

三、技能的生活

上面這甲乙兩種人，一是太過，一是不及，都不是正常的生活。所以另有一種人，生活比較要高尚一點的人，他們以為人的生活，不能過這種單調物質的生活，並且要有一種高上的技能，這種生活，才有意義，才有興趣，所以他們修學各種技能，如研究各種科學，以及百工技藝，這叫做技能的生活。

四、風雅的生活

技能的生活，比較甲乙兩種，雖然是高上一等，然而究竟是為生活而修學技能，因有技能而得到生活，可見還是為生活而生活，好像代人拉車而得到車價，得到了車價就可以換到生活。像這種買賣式的生活，又好像馬拉車而求得一飽，恐怕不是一般風雅人所願意的吧？所以他們需要的生活是：彈彈琴，下下棋，寫寫字，摹摹畫，看看山，遊遊水，題題詩，作作對，食食茶，飲飲酒……他們以為這種生活，才是高尚的生活，比較賭博、狎妓、吸鴉片、鬥雞、鬥狗，總要文明得多，也是人的正常生活，所以叫他是風雅的生活。

五、惡人的生活

這種人的生活，他們只有兩個條件：一個是物欲，一個是自私；既然是以物欲為對象，那他們便「只求目的，不擇手段」；只要有飲食可以到口，何妨把哥哥的手臂砍下來，而自己得到飲食；只要有女人給他玩弄，又何妨跳過東家鄰居的圍牆，而去抱人家的姑娘。既是抱定了自私主義，那只要一切的一切自己快樂，而人家的痛苦，與我又有什麼關係？乃至只要我自己的國家興盛，把別人的國家，亡國滅種亦所不惜。他們一切的一切，都是為物欲打算，為自己打算，說什麼——禮義廉恥，仁慈博愛——在他們這些人的心目中，那才是真迷信。所以作奸犯科，遺害人群，擾亂社會，侵略他國，滅人種族，這就是惡人的生活。

六、善人的生活

善人的生活，只有一個字，一個「恕」字。他們知道自己既然愛惜生命，那麼，人家也是一樣愛惜生命，所以不忍心去傷害人家的生命；自己既然愛惜財產，他知道人家也是一樣愛惜自己的財產，所以他不忍心去損害人家的財產；自己既然愛惜妻女，也知道人家一定也是愛惜妻女；所以不忍心去侵犯人家的妻女。其餘的一切，都是照這樣推想去。所謂：「己所不欲，勿施於人。」反過來說：又能「老吾老，以及人之老；幼吾幼，以及人之幼。」這都是推己及人的思想。例如：你想你自己的子女孝順你，那你就應當先孝順你自己的父母；如果你想你的部下忠實於你，那你就應當對於你的領袖先忠實起。忠孝既然這樣，那仁愛信義和平，還有例外嗎？所謂「敬人者人恆敬之，愛人者人恆愛之」；那麼，害人者亦人恆害之。這是顛撲不破的一條原則，這就是善人的生活。

七、聖賢的生活

聖賢的生活只有兩條：一是修己，一是為人。試看：堯、舜、禹、湯、文、武、周公、孔子，他們沒有那一個不是修己為人；一方面修養自己的高尚人格，一方面都是勤勤懇懇為民分憂。所謂「人溺猶己溺，人饑猶己饑」，而自己的私生活卻非常的嚴肅。固然不同甲的為自己而生活，更不同乙的縱欲的生活，也不是和丙一樣求得一技一能的生活，當然不是丁那樣無事的生活。何況是戉那樣害人的生活呢？其實比較己的生活還要積極些；不單單個人行些善事就算了事，他們還要化民為善。試看：孔孟兩個人的言行就知道：數十年來東奔西走，無非想「以斯道，覺斯民」，這就是聖賢的生活。

八、羅漢的生活

羅漢是什麼意義？譯成中國的意思：是「殺賊」。不過，他不是殺人家的生命之賊，乃是殺自己的煩惱之賊——貪、瞋、癡、慢、疑、不正見：心中這許多毒素。羅漢是佛的弟子，他們聽過了佛的教訓，說人生種種的苦惱，並不是外面來的。所謂，非天賜，非人與，亦非無因。完全是自己造的什麼因，而受的什麼果。故欲除苦果，當滅苦因——殺、盜、淫、兩舌、惡口、妄言、綺語、貪、瞋、癡。羅漢把自心上這許多煩惱殺完了，所以叫做殺賊，又叫做無生，亦所謂「涅槃」。有許多人不懂涅槃是什麼意義？他們以為涅槃就是殺完了。所以他們懷疑著，假定全世界的人類統統都涅槃了，那這個世界豈不是變了空空無人的世界，那還了得嗎？他們不知道假定全世界的人，都把心中的毒素剷除了，沒有惡心的人，都是善心的人，這正合乎我們國家要改造，世界要改造，人類要改造的口號。難道是單單改造他們柱頭上門面——油漆擦光，而內面任從白蟻去蛀壞，這樣叫做改造嗎？所以真要改造社會、國家，和世界，那每個人都要同羅漢一樣，把內心的貪瞋癡三毒先改造起，然後世界自然會大同，而國家自然也會安寧，這叫做羅漢的生活。

九、菩薩的生活

許多人把偶像當菩薩，說菩薩是迷信，其實，菩薩倒不迷，他自己反先迷了（不明白）！因為菩薩是一種稱呼，和聖人賢人一樣。菩薩是什麼意義呢？在佛教說：凡救人救世的都可以稱他為菩薩。遠則孔子、孟子，固然可以稱他是菩薩，而耶穌、穆罕默德，也可以叫做菩薩，林肯、甘地可以稱為他是菩薩，而我們的國父和蔣總統，難道不是菩薩嗎？他們的功行雖然是各個不同，而救人救世的心腸，那都是一樣的，位次雖然有深淺不同，而都可以稱他們是菩薩，亦猶之小中大三種學校固然不同，而都可以稱他們是學生，不過程度有些等級罷了。佛教所說的文殊、普賢、觀音、地藏、彌勒，這些菩薩，不過是到外國醫學回來的博士學生一樣，這也算是迷信嗎？菩薩的性別，不問是男的女的，菩薩的年齡，也不問老的少的，菩薩的相貌，也不問他是僧的俗的，菩薩的工作，也不問他是文的武的，只要他做的是救人救世的事業，那他就是菩薩罷了，這就是菩薩的生活。

十、佛陀的生活

有許多人，什麼羅漢、菩薩、佛陀，這些名字，統統攪不清楚，殊不知你沒有學過英文和日文，你怎樣知道英文和日本文？因為佛陀是印度的語言，譯成中國的意義，稱為覺者，就是一位大覺大悟的；他覺悟了什麼呢？他覺悟了：

（1）他覺悟了宇宙萬有一切法，都是由眾多的助緣生起的，決定沒有離開了眾多的因緣，而會孤獨的生起，明白了這種道理，有什麼好處呢？就會產生博愛的思想。

（2）他既然覺悟了每一法都是眾緣助成，他就不會有自大的心理了，知道一切的一切，都是互為賓主，並沒有那一個是最大，那一個是最小，就會產生平等的思想。

（3）他既然覺悟了一切在我，那麼我要成君子，即成君子，我要成小人，即成小人，君子和小人，權在自己，這還不自由嗎？絲毫都沒有一點尾巴來絆住我的腳，就會產生自由的思想。

拿這博愛、平等、自由三種思想去做事，知道人人對我都有恩德，你還不愛護他嗎？還會起損害人家的心理嗎？那不是損害自己的恩人！知道人人都是平等，人人都可以成佛，那裡會起輕視人家的心理，而不恭敬人家嗎？知道一切凡夫和聖賢權在自己，那裡還不努力去斷惡，而努力去為善呢？前面菩薩是因，現在所說的佛陀是果，所以他在時間是不計長劫，空間是不計廣大，以眾生為自己，而自己也就是眾生，而起無緣的大慈，同體的大悲，這就是佛陀的生活。

結論

上面把十種生活的模樣繪下來了，由各人去採取那一種的形式，那是各人的自由吧。至於我的生活觀又是怎樣？我的物質生活是隨緣好壞不拘，有福也享，有苦也受。我的工作是一張嘴巴和一雙手終日教書和寫作，而權利是不拿薪俸，義務倒是忙個不休，想成佛嗎？無所謂，想生極樂世界吧？也不見得，就是：「做一天和尚撞一天鐘。」

《菩提心影：人生篇》收錄於《慈航法師全集（下）》慈航法師永久紀念會編輯出版一九四七年四月

談談「真生活」

生活的目的

我們既然是人，必定是先有生命；既然有了生命，就不得不求生存；因為求生存的緣故，所以不得不生活。有了生活，就可以生存；能夠生存，才可以維持生命。

試想：我們為什麼要穿衣？怕凍死啊！為什麼要食飯？怕餓死啦！為什麼要飲茶？怕渴死囉！為什麼要搖扇？怕熱死呀！為什麼要吃藥？怕病死啊！為什麼要住屋？怕風吹、雨打、日頭曬死呀！這些這些，一切一切，其目的，一言而蔽之：就是要維持我們的生命。

生活的來源

然而，禽獸有毛羽可以遮體，而人就不同，要穿衣；而衣服又怎樣來的？要拿錢去買。例如：牛能食草，而人就不能，要食飯；但餓又怎樣來的？要拿錢去買米。飛禽野獸，牠們林居士藏，而我們就不能，要有房屋住；房屋又怎樣來的呢？還是要拿錢去買或租，所以總括起來，一切的一切，都不能離開一個錢字。

生活的步驟

是的，我們知道：生活的一切，都離不了錢。然而，再追問錢又從什麼地方來的呢？難道去騙，去偷，去搶劫嗎？那是有生命的危險！所以要有一種正當的工作：農工商學兵，以及公務人員，無論怎樣，你總要做一種工作。話雖這樣說，你怎樣又會工作？那就不能沒有這種工作專門的知識；而知識的來源。又不能不先受教育。所以生活的步驟，第一步就是先受教育，受了教育，才有知識；有了知識，才會工作，有了工作，才可以得到金錢，有了金錢，金錢是萬能，可以解決食衣住行一切生活上的需要；所以求學受教育，是人類生活上的第一個步驟。

生活的進善

教育的成果，不但可以得到衣食住行生活上的代價，並且可導人進善。試問：禽獸知禮節嗎？而人就能夠知禮節；禽獸知廉恥嗎？而人就能知廉恥；禽獸知法律嗎？而人就能夠知法律；禽獸知倫理嗎？而人就能夠知道尊卑的倫理，而不能亂倫，所以人能夠知道禮節、廉恥、法律、倫理……這些美德，豈不是要歸功於教育嗎？又何止於食衣住行的生活？不然，人和禽獸，又有什麼地方不同呢？試觀一二歲的嬰兒，他們就不知道什麼東西叫做禮節、廉恥、法律、倫理？後來長大了為什麼又會知道呢？這就是受過了教育的一個證明。試觀我們最高領袖為什麼要提倡「新生活」，難道是叫我們要穿新衣服，吃新米，住新房子，全新車嗎？是要我們在衣食住行的生活上，再加上「禮義廉恥」的新生活，這才可以叫做新。意思就是叫我們自己問一問：你今天穿的這件衣服，食的這餐飯，在這房子裡住了一晚，坐的這回車，是不是「老老實實，規規矩矩，明明白白，清清楚楚得來的錢？」設若是的話，雖舊亦新；如果不是的話，是騙來的，偷來的，搶來的，貪污來的，那就雖新亦舊（齷齪污穢）了！可見生活不但得到就算了事，並且要希於進善，才算是真生活。

生活的互助

試問：你穿的衣服，是你自己織的布嗎？你食的飯，是你自己種的穀嗎？你住的屋，是你自己燒的磚瓦嗎？你用的一切，都是你自己製造出來的嗎？如果不是的話，那麼，人家為什麼要替你織布？要代你種穀？要幫你燒磚瓦？再進一步說：你的身體，是你自己生下來的嗎？你的老婆，是你自己把她養大的嗎？你的墳墓，將來是你自己鑽進去嗎？不然的話，人家為什麼要養大你，還要替你養老婆，最後，還要人家為你買棺材，送你進墳墓？試問：你究竟待人家有什麼好處？為什麼要這麼多人來幫助你？你自己還不知不覺，以為自己很有本事，是英雄，能獨立。殊不知你的一舉一動，都需要人家幫助！果能愛家、愛國、愛社會、愛群眾，那你還算盡了一份責任；不然的話，但享權利，而不盡義務，還說什麼待領袖、待部下、待父母、待子女、待人民……有恩，那不過是欺心之談！所以生活，不但是顧到個人的生活，還要顧到家庭生活、社會生活、國家生活、人群生活，那才是真生活。可見有餘的錢，拿出來做人民的生活，並不算是什麼慈善事業，不過名字上好聽一點，實實在在是一種互助的生活罷了。

生活的利益

一般人都以為只要有了衣食住，就叫做生存的生活；如果有了事情做，就叫做工作的生活。我們常聽到人家問朋友：「你的生活過得好嗎？」「你有工作做嗎？」好像除了這兩種生活之外，再沒有其它的生活；如果真是這樣，那真好像《孟子》上說的：「把哥哥的手臂斬下來，可以搶他的飯過來自己食。跳過東邊鄰居的牆，可以把人家的處女抱住陪你睡。」這豈不也是工作的生活嗎？《孟子》上又說：「把人家的白粉壁，代他用墨汁塗黑了；並且上屋，替人家把瓦拆下來，事情做過了，還向主人要飯食，要工錢。」這豈不是也是工作的生活嗎？上面舉出幾種例，我們能夠承認他是正軌的生活嗎？如果承認的話，從前的希特勒、墨索里尼，現在的馬倫可夫、朱毛，他們難道沒有上面的兩種生活——食飯和做工——恐怕他們的享受比我們還要好得多，工作還要更忙一點，那我們又何必天天把嗓子喊破了「反共抗俄」做什麼？可見害人害己的生活（東條英機和希特勒一證）不是真生活；能夠利人利己的生活才可以算是真生活。這一點我以為我們研究生活問題的人，切切實實要注意！於人於己是有利還是有害？並不是單單有飯食和有工作做就算是生活。

生活的興趣

一般人總以為衣食住和工作是生活的正義，我倒不以為然。如果照那種說法是對的話，那麼人和牛又有什麼分別呢？因為牛也有草食和田耕，難道不是生活嗎？所以真正生活的意義，拿「興趣」二字來做定義：也就是人的生活和禽獸的生活不同的地方。試看；豬的生活、羊的生活、雞鴨的生活，有什麼興趣？因為牠是機械的生活。我們每每聽到人發出一種怨聲，所謂：「過著牛馬的生活！」意思雖然是訴苦，其實還是含著沒有興趣的意義在內；假使人也過著牛馬的生活，那做人又有什麼意義呢？所以人的生活，當以興趣為主。因為，興趣的不同，所以人的生活也隨之有異；這可以隨便舉幾個例來證明：衣的話，你以為是外貨好，我以為土貨更好；食的話，你以為是西餐好，我以為中餐更好；住的話，你以為是西式的洋樓好，我還是以為中國的土屋好。最顯明的一件事，一般人總以為性欲的衝動，無論何人都是免不了的？而事實上男人討厭女人，女人也討厭男人！不然的話，又何至於寧願吃盡了許多苦頭，他也是甘心獨身！這又怎樣說法？你若真是去探問他一個究竟？他一定會很簡單的答覆你一句：我的「興趣」啊！再更明顯的，一到大學讀書的時候，各人就在預備將來適合自己興趣的工作知識：或學法律，或學醫科，或學電化，或學科哲……各人在求各人的興趣知識，而將來可以做一種有興趣的工作。這不是一個很好的證明嗎？所以我以為最有興趣的生活，莫過於「得天下英才而受教者」，所以釋迦牟尼與孔老夫子之樂，即樂在其中矣！

生活的修養

生活也要修養，說來覺得奇怪！其實是何奇之有？試看：那一件事不要修，又那一件事不要養？因為修養就是「學習」的異名。一出娘胎，一直至死，沒有一天不在學習之中：第一步就是學習吃奶，其他的學習，一天一天都在進步。所謂：「做到老，學到老」。可見學習的範圍太大，而學習的內容又太廣。我現在在這廣大的範圍中，擇其簡單的兩條來學習——修養。就是：「內不欺心，外不欺人。」話雖至簡，而行之實難，如其不信，請試行之！能否三月不違仁，那也將臻賢域！一個人真能修養到「內不欺心，外不欺人」，那已臻聖境，豈止賢域？其次：持身的生活，以勤儉為主，工作的生活，以忠恕為基，真能夠做到這「勤儉忠恕」四個字，那你的生活，已經有很深刻的修養了。

生活的善美

善是不惡，善是不醜，要做到不醜惡的生活，才可以叫做真生活。內心要不貪、不瞋、不癡。外身要不殺、不盜、不淫。而中間還要不妄言、不綺語、不兩舌、不惡口。一般人總以為有飯食，有工做，就算是生活滿足，如果把上面這十面鏡子拿來照一照自己的本來面目，那狐狸的原形，統統都會現出來了！生活困難，而真生活尤難，請互相勸勉！

生活的真諦

生活的真諦，不單單是衣食的生活，工作的生活，體魄的生活，知識的生活，興趣的生活，其猶末也；而其本只在道德生活，人格生活，愛國生活，愛民生活，愛眾生的生活，望有心研究生活真諦者，宜從此努力可也。

《菩提心影：人生篇》收錄於《慈航法師全集（下）》慈航法師永久紀念會編輯出版，一九四七年四月

作人希望

世間作人，倦眠農作，饑餐渴飲，類皆已易數十寒暑；或望購愛國獎券作富翁，或望造時世之豪傑，諸如此類無不知之熟矣，豈尚有其他作人之希望應討論歟？雖然，人實不易求也，苟如是之簡單者，則世間現狀，不應紛亂若此。

果欲希望作一人格完整之人，當認清下列三點：

一、生活問題

二、倫理問題

三、精神問題

生活問題：概括之則為「衣」「食」「住」「行」「樂」五者，無論何人，雖不曰皆衣綾羅，食珍饈，而粗布糙食乃至住行等，皆必有相當預備。然則何所自而來歟？自然有歟？應分有歟？當知不然。然則自農人而來歟？曰：亦不盡然；「使農人無造農作品之鐵工及木工、縫工等，能耕乎？然則自農工二者而來歟？曰：亦不盡然；使無人教育研究發明者，則生活當永陷於野蠻之民族狀態而無有進展矣。然則自農、工、教育三者而來歟？曰：亦不盡然；使無有軍事、政治、法律之保障，則內生之爭執，外來之侵奪，則不能解決矣。

故知生活情形，苟稍加思索，實不如是之簡易！能由個人之行動而波及於全世界，如投毒藥於缸中，則全缸之水皆有毒，吾人苟不守範圍，而以欺詐爭奪手段取得生活代價者，實屬害群行動，其受法律之制裁，乃屬自投羅網，並非法律自來絕我。今欲作一個有人格之人，必須明瞭我個人與國家之關係，盡我之心，竭我之力，作一分之貢獻，方有我個人一分生活之代價。一人如此，一家如此，一國如此，則一國之生活安，推及於全世界，則世界安，如壘磚成牆，一個二個，雖不見有何力量，然離開一個二個之外，又何能成為牆？牆成而取去一個二個，雖不見大損，然使全牆如此，牆仍能存在乎？此所以生活問題之解決，必自各個國人認清其自身之責任始。

倫理問題：我一家之爭吵不寧，彼廣州各家無與也，彼各省各家無與也，彼倫敦無與也，彼巴黎無與也；雖然，一家如此，十家百家千家乃至全國如此，則全國之大家庭不安，推理及之，全世界亦如此。由彼此爭執，坊勢必各執有理，不能解決，求諸公斷，又豈非自投法律之羅網歟？故欲得社會相互之安全，必須人人具有禮義廉恥之德育。如此德育，乃我個人生活安全之應負責任，非他人之所強迫，然後父慈子孝兄友弟恭夫愛婦順，乃至應世接物必以仁德為歸，進而深思寄此世間，暫時假聚，如大劇場；生老病死，是大苦聚。轉眼生離死別，彼此互相哀憐之不暇，更何有爭端而起？若然則禮義廉恥等之德育，日益現前，倫理自敦矣。

精神問題：人遺我以佳音，餽我以禮物，我必謝之；人加我以惡言，予我以杖責，我必報之！此因果之感應也。今世一般憂國憂時之士，恨政治不上軌道，生靈痛苦，於是群起高呼，倡主義以救國，各是其是，各非其非，孰是歟？孰非歟？總其大派，有下列之三：

保守派
改良派……｛穩健派
　　　　　　急進派

我乃一無家庭之僧人，以客觀態度論之，保守派對歟？張勳要拖辮子戴花翎，康有為、梁啟超要保帝位，向物質文明進化開倒車。急進派對歟？他們要主張大屠殺。故審時察世權衡利害，當然惟以改良穩健者為皈依。然而治標莫如治本，苟本後國人不能深明因果，知有來生之輪轉苦趣，惟以一種虛榮之公德，及法律之懲罰以範圍之者，則欲國家趨於軌道，殊難斷言。今有顯然事實，如懲治貪污條例如是之嚴，而貪污未嘗無。在個人心內，則每當一事臨前，公理與私欲之交戰，勝負究竟誰屬，捫心自問而知。夫何以知人必有輪迴歟？試問現前人物，從何而來歟？世間美物，苟微細觀之，雖小至一芥子，莫不具有「因仍為果，果後為因」之輪迴性在。若仍有疑，可研究佛學中之唯識學，此宗詳明吾人眼耳鼻舌身意造業感果之交互關係！

若果明乎因果，知有輪迴，則做人應當分為二種：

一、做現在人：守法律，盡責任，敦倫理，睦親友，是謂做現在人，現生安樂。

二、保持未來不失人身。

佛門五戒		儒家五常
一　不亂殺	不無辜害人	仁
二　不亂盜	非義之財莫取	義
三　不亂淫	夫妻外不淫	禮
四　不亂飲食	正外飲食不亂食	智
五　不亂說話	不妄語兩舌惡口淫詞等	信

守此五者，能保來世不失人身，謂之：「持戒力」。

得人身矣，而貧窮苦楚願之乎？設不願者，又當施人以財物，此謂：「布施力」。

得人身矣，財亦具矣，而身形醜惡願之乎，設不願者，又必斷之，以人罵我，我安忍受之，乃至種種非禮加我，我亦安忍受之，此謂：「忍辱力」。

得人身矣，財亦具矣，身相亦圓滿矣，而身體不強，漸漸懈怠墮落願之乎？設不願者，又必於諸善法，勤加精進，一心不退，此謂：「精進力」。

得人身矣，財亦具矣，相貌亦圓滿矣，身亦強健不懈怠矣，而神經錯亂，舉動恍惚願之乎？設不願者，又當常常一心，專注一境，屏諸邪念，此謂：「禪定力」。

得人身矣，財亦具矣，相貌亦圓滿矣，身體亦強健無懈怠矣，精神亦不錯亂矣，而知識平庸，不能擔負社會國家偉大事業願之乎？設不願者，必當常讀釋迦牟尼文佛之教典，開豁心地，然後博及群書，發菩提心，廣度眾生，此謂：「般若力」。

是故吾人苟欲求現生之安寧，必須盡責任、敦倫理。欲求來世不失人身，必須守持五戒。欲得未來多富饒財，身相莊嚴，智慧圓滿，又必須繼之以布施、忍辱、精進、禪定、智慧之力。

《正信週刊》第九卷第四十一期，一九三七年四月二十六日；《菩提心影：人生篇》收錄於《慈航法師全集（下）》慈航法師永久紀念會編輯出版，一九四七年四月

脫苦希望

脫苦希望，先明何以謂之苦。人分四類釋之：

一、三途苦：地獄、餓鬼、畜生。

二、八苦：生苦、老苦、病苦、死苦、愛別離苦、冤憎會苦、求不得苦、五蘊熾盛苦。

三、二十五苦：三界、九地，共二十五處，生死未了，無非是苦（因時間所限不能細解）。

四、無量無邊苦：世間一切煩惱皆是。

吾人欲平賊，必先知賊之所在，然後方能用兵；今欲脫苦，必先明苦之所在，然後乃能攻破苦之陣線。吾人於世間偶不得意，類多呻吟曰：苦！殊不知業因差別不同，更甚於此者，最甚者，當首推地獄；地獄之苦，大約有如下列：

一、刀山劍樹苦：由罪人於人中所造之要素，見樹上有其人間所愛之愛人，乃鼓勇而上，則樹枝為刀劍向上，退亦不能，及達其巔，血肉淋漓，已經暈絕，業風所吹，復還如故！既已復生，又見在下，如是迷逐，循環苦痛無已！正如人間邪淫他人者，雖刀劍亦所不避，諺云：「牡丹花下死，做鬼也風流！」雖然說得好聽，而痛苦已不堪回首了！

二、火湯燒煮苦：因自業感，如夢中所見山河境界，有鬼卒等，置罪者於沸湯中，頃刻燒盡，業風所吹，還復如故，如是苦痛，呼吸無間！

三、鐵床、銅柱……等。

次言餓鬼苦：餓鬼由過去貪業感饑餓報，類有多種，喉如針鋒，腹如斗大，見清水則變為膿血，長劫饑餓，其苦殊烈！或曰：幸勿作迷信談，以不可見之事為真實。曰：不可見者即可謂之無有耶？然則「風」，子曾見其形相歟？我祖父母子曾見之乎？噫！只可為智者道，不可與愚者言。至於畜生苦，今請以事實證之：牛，君固見之矣，其居處之不淨，食物之不淨，出力時之辛苦，宰割時之痛苦，君信之歟？當知畜類之苦較人又加一等。三途苦已明，今當明八苦。

一、生苦：小兒出胎，何以人人都是呱呱哭歟？當知斯時之苦也殊甚！以初生之嫩肉，觸外風之刺激，其痛苦可以想像矣！

現前假使有人啖我以膿血，我必將拒而且怒也！然試思在母腹中所食者為何物歟？現前君等在監獄中，則謂苦也，然試思較在母腹中之住處為何如歟？其他如生下以後之數年，意志不自由等，皆生苦也！

二、老苦：髮白、齒缺、骨僵、夜間失眠、視、聽不靈等，皆老苦也。抵期頤境界，家貧者甚至兒女亦憎之，今君等多是少年，或不謂然，但此老法則人人平等，轉眼即當作為君等不邀之客。

三、病苦：古人云：「有病方知身是苦，健時多為別人忙。」雖然，此惟眾生所知之病，若以佛菩薩之眼光觀之，則饑須食、寒須衣亦是病，不獨饑寒是病，即世人認為樂趣之淫欲等亦是病也。

四、死苦：世間若無有死，早已無處住人，然世人雖明知此路不通，而朗然知非，退身求出者甚少。此死苦，佛喻之如龜剝殼，我所見之死者甚多，因可以引起無常感想。其最苦者，莫如一七日或一月而此一息猶不斷者！

五、愛別離苦：生老病死，君等或將謂見之熟矣，作消極之任置。然而，現前父母之健康，妻妾之承奉，女兒之玲瓏，家財之富有，勢位之顯赫，樂乎！當然樂也。奈何生離死別之法，無人情可講，亦無一人可免乎！當知愛之切者，別時之苦更深。諸君！當感覺人生暫聚無常，對父母要孝順，對家庭要和睦，對世人要親善；不然，則一經死別生離，吟長恨歌晚矣！

六、冤憎會苦：我足跡所經之處甚多，所見犯罪者亦不少，其中冤枉者間亦有之。然則法官冤枉之歟？典獄者冤枉之歟？非也！諸君聆一則故事：有富室子，新婚未一月，玩耍遊園，因婦愛樹上花，令婿取之，婿偶不慎，仆地而死，父母哭之慟！而婦反談笑自若，父母怪之，因問釋迦牟尼佛，請示其過去因緣；佛為剖之曰：過去世中有射鳥者，射一鴉於地，宛轉未死，旁有挑柴之夫婦經過，見而拍手樂之，故今生為射鳥者之父母，而烏鴉則為其婦，故為此苦報與之。噫！因果之感應，如影之隨形，故吾人應明了乃自業所招，至有冤家相會之苦。

七、求不得苦：高聳插天之洋房，人人愛之，百味珍饈之陳列，人人愛之，聲名顯赫，為世間之偉人，人人亦愛之；然而愛者眾，得者寡！其不能得者，或為盜為匪，拚死爭殺，致世間之苦浪更高。凡此種種，皆此苦攝。

樹高千丈，葉落歸根，如上之生、老、病、死、愛別離、冤憎會、求不得等苦，究從何來歟？曰：由吾人於過去事不明，未來事不明，現在事不明，故死此生彼，不得自在之一種業力——如負人財物之契券——而來，此業力之所償。

八、五蘊熾盛苦：五蘊即色、受、想、行、識。因時間有限，不能細釋，有心研讀者，請讀《廣五蘊論》。

上來三途苦、八苦，均已釋訖。二十五苦者，乃世間二十五類眾生之所依，無非是苦。無量無邊苦者，概括一切煩惱而言。今總以三苦攝之，如下表：

無量無邊苦
- 生　苦
- 老　苦
- 病　苦
- 死　苦
- 愛別離苦
- 冤憎會苦
- 求不得苦
- 五蘊熾盛苦

- 苦苦：苦上加苦，如現在已經是苦，來生又要受生諸趣。
- 壞苦：暫時少許樂，終必有苦。如做官是樂，下野是苦；家庭恩愛是樂，別離是苦等。
- 行苦：死此生彼，不得自在，生死根本。

古云：「罪從心起將心懺，心若滅時罪亦亡。」又云：「人非聖賢，孰能無過，過則勿憚改。」慈航今天祝諸君離苦，非僅祝諸君脫牢獄苦，乃謂諸君永脫地獄餓鬼畜生乃至三界眾苦。諸君！人身難得，佛法難聞。昔釋迦牟尼佛在世，有天人福盡，用過去報得神通力，知將墮畜生，憂極！其旁另一天人勸其扶病皈依世尊，南無二字方出口，即已命終；以此二字之力，旋復生天。可見一念回心向善，功德無量！今諸君已皈依三寶者，則願此後努力念佛、行善。未皈依者，今後當皈依敬禪法師（時在廣州菩提林）。皈依三寶，努力善行，勤持佛號。所謂：「苦海無邊，回頭是岸。」

《正信週刊》第九卷第四十二期，一九三七年五月三日《菩提心影：人生篇》收錄於《慈航法師全集（下）》慈航法師永久紀念會編輯出版，一九四七年四月

得樂希望

人們雖有各省、各縣的不同，但眼視色，耳聞聲，鼻嗅香，舌嘗味，身覺冷熱，則大家皆是一樣；此性本來平等，本來不二，所以我今天祝諸君普遍得大安樂，得大快樂；要求安樂之步驟，應當分下列各點：

一、地莊嚴：大小便利，瓦礫沙石，人間地上，滿呈可厭之色；我們應當要求一種晶瑩光潔之琉璃，普遍莊嚴大地！

二、屋莊嚴：茅草之屋，雨打風吹，瓦礫所成，光明不透，我們應當要求一種光明淨潔之金銀琉璃作鬼斧神工之構造！

三、虛空莊嚴：寂寞空間，能引生內心無限淒涼之感，我們應當要求一種微妙羅網，點綴莊嚴！

四、四圍莊嚴：四圍充滿了茅草之屋，宛如荒漠上一座無人掛掃之淒涼孤魂；我們應當要求遍布許多欄楯行樹，異草奇花，使吾人心曠神怡！

五、水莊嚴：久不入浴之膿血身，又加上疥癩之瘡，是多少不快！我們應要求一種不冷不熱，柔軟清香，隨心多少，饑可代食之種種功德水來洗浣！

六、光莊嚴：日月倏去倏來，世界乍明乍暗，我們應當要求一種五色繽紛微妙不斷之光耀，照燭世間大地永成不夜之城！

七、鳥莊嚴：麗日和風之春晨，微風述香氣於鼻端，小鳥唱清歌於樹上，樂固樂矣，奈何景難常何！彩雲易散，我們應當要求一種永遠之春晨，種種奇妙雜色之鳥常唱清歌於耳畔！

八、身莊嚴：合大小便利膿血污垢爪髮骨肉共成之臭皮囊，外有蚊蝱蚤虱寒暑之侵攻。內有煩惱憂愁恐怖之紛擾，苦之極矣！我們應當要求一種香無儔侶、妙若輕雲之質作我身體，永別生老應死之苦音，常獲微妙莊嚴之法樂！

九、衣莊嚴：衣服稍懈洗浣，即成蚤虱之大本營！變換不停，世苦大都如是。我們應當要求一種視之有形，即之無質之物，作我之衣，永絕塵勞之洗浣！

十、食莊嚴：食和偶爾疏忽，即成蛆蟲之根據地，粗重不淨，大小便利由是而生！我們應當要求一種美勝醍醐，清如甘露之食，食之則壽命無量，無大小便之苦！

十一、同伴莊嚴：欺詐諂誑鬥罵殺之伴，唯能生引我之煩惱；應當要求一類誠實和平慈悲喜捨之伴侶，破個人之寂寞！

上來所說之衣食住行上，雖然可以滿足我人之欲望，但是，還有一種最偉大的要求，我們何以叫做人？我們何以會起諸要求？何以有死？生，到底從何處來？死，到底從何處去？我們應當要求一智慧微妙之導者，為我解釋之。

曰：有，有主人號阿彌陀佛，常為人說法，令人了此大事。

或曰：噫嘻！理想歟？神話歟？

曰：否！《阿彌陀經》云：「從是西方過十萬億佛土，有世界名曰極樂，其土有佛，號阿彌陀；今現在說法。」一如上所舉之境界，乃此經中之一小部分耳！

或曰：毋欺人也！所謂彌陀，眼所不見故！

曰：然則君之一身，唯眼是君歟？其餘耳鼻舌身心，當屬我所有矣！對面之山，君見此面矣，彼面君見之歟？目前之桌，君見此面矣，其餘色香等塵，君眼能見之歟？昨天明天是有也，今日之眼能見之歟？我祖我父是有也，君眼能見之歟？目前之風是有也，無物障而表之，君眼能見之歟？

夫阿彌陀暫不之見，由我之業重，自塞眼耳等六門，非終不見也。我之祖父母與君共世界，君尚不見，況清淨之彌陀歟？雖然，我今既聞其名，是耳見之矣！心中疑真疑假，固即心見之矣！前不云乎？此解脫性，本來平等。

曰：然則隔十萬億之佛土，又何時可到？

我告君：膿血之身不能到，由心到；此心念念生滅，終歸無有。此心者，無遠近，無遲速，如攝影機，機動則影留。

然則此中諸君曾到過上海者，請試閉目思上海先施公司、大馬路、新世界等處，試問此心有遠近，遲速否？

昨夜之半，我忽回仰光，領徒頂禮大金塔，忽而一覺醒來，此身固在廣州之菩提林也。

噫！萬里長途，何往返如是之速之耶？

釋迦牟尼佛曰：「應觀法界性，一切唯心造。」

然則能保險決定往生歟？

曰：此保險單即在諸君之心內，所謂「信」「願」「行」。

三個條件
- 信
  - 信佛不妄語，阿彌陀佛決定實有。
  - 信我與佛無異，但業所障，今既深信，決定可生。
- 願
  - 願離此間不淨國土，煩惱無邊之眷屬，及膿血屎尿之身分。
  - 願生阿彌陀佛國土，親見如上勝境，常聞彌陀說法。
- 行
  - 行住坐臥念念不離。
  - 其他利益眾生之事。

我無所求於諸君也，目的唯祝諸君脫苦得樂而已！若有欺諸君者，當永墮拔舌地獄。諸君！人身難得，佛法難聞，信心難生；大丈夫當猛烈割斷疑網，將甘露法輾轉施人。慈航願與諸君，世世同為法侶！

《正信週刊》第九卷第四十三期，一九三七年五月十日《菩提心影：人生篇》收錄於《慈航法師全集（下）》慈航法師永久紀念會編輯出版，一九四七年四月

成佛希望

四大希望——第一、作人希望，第二、脫苦希望，第三、得樂希望，業已次第講過；今天繼續來講第四、成佛希望。

在講成佛希望以前，應當討論如何叫做佛？

覺悟世間有情，是大苦聚；覺悟有情身心非實有性；覺悟此身眾緣假合，無主無我；覺悟此身體膿血大小便不淨乃至自他之貪瞋煩惱等；覺悟此心此身念念生滅，剎那不停。內身如此，外器世間，亦復如是。

然則覺悟此「苦」、「空」、「無我」、「不淨」、「無常」，有何利益？曰：世間種種爭殺苦劇，皆從不明此理而起，今明證此理，則一切熱惱化為清涼，此約自覺的方面說。

欲成整個人格，尚有下列之五種：

一、覺悟自性平等：世間人我自他，皆從一念分別妄想而起，佛能一念內觀，不見自他形相，證平等性，故能以大慈悲，應世利物，示同眾生，永絕世間眾生人我紛爭之苦。

二、覺悟唯心所造：佛證到法性，知世間唯心所造，則惡道諸業，自己永不再作，但以純淨白業，他方、此界，教化有情，則永絕世間眾生心外妄認為實有之種種爭殺之苦。

三、覺悟眾緣互助：惡勞好逸，人之恆情，惡苦好樂，亦人之恆情。普通者，但以服勞任苦加諸疏遠之人，甚焉者，雖父母妻子兄弟等，亦以苦歸之，而搾取其樂歸於我，結果而身之苦乃愈甚，他世固無論矣。此蓋昧於眾緣互助之理也。世間事物，彼此交互為因緣，如支三木為架，離彼則此不成，離此則彼不成，試思我之生存：無父母則我從何來？無兄弟妻子，則何有家庭之樂？無農人，則無食；無木工、縫工等，則住衣等問題不能解決！我果能離開父母兄弟妻子農工軍政學等而得樂趣歟？夫無人則無我，無我則無人，交互為緣，絕不可缺！奈何舉世昧之，故紛亂無有寧日。嗚呼！吾安得鑄一碩大無儔之晨鐘而使盡醒之歟？

大覺世尊，證此緣生性空之理，乃能運大慈悲，逐類隨形，方便教化，不生教化之相；《金剛經》云：「我當滅度無量無邊眾生，實無眾生得滅度者。」

四、覺悟互有恩德：六道眾生，輪迴不息，交互為親姻，此理或深難卒喻，即以現前論之：父母生我身，妻子分我勞，農工等供給我衣食住，軍政教育管教養衛，在在皆為我之恩；我若盡我一分責任，固又為彼等之恩人；知恩之心既深，殘惡之毒自滅！佛由此心，熏大悲種，能永斷惱害有情之種子。《梵網經》四十八輕戒中云：「六道眾生，無不是我父母：我生生無不從之受生。」一切地水，是我先身，一切火風，是我本體；而殺而食者，即殺我父母，亦殺我故身。」

五、覺悟唯業所現：鏡中花影，智者見之，不謂為有，不謂為無，更不取執。小兒見之，誤為實有，猛力取之，玻璃既碎，手破血流，花亦不見！又有智人見之責小兒云：「此花本空，妄受斯苦！」

我佛世尊，悟自性空，業從心現，如夢，如幻，既不同凡夫執有，趣生死之苦輪，也不如外道執空，留輪迴之根蒂；唯以如幻方便，救六趣苦！蓮池大師有云：「有朝功行完滿，天堂地獄橫行。」

上來已明佛覺悟：「苦」「空」「無我」「不淨」「無常」五種利益以自覺；及覺悟「自性平等」「唯心所造」「眾緣互助」「互有恩德」「唯業所現」五者以覺他。

今當明怎樣可以成佛：

成佛階梯，當自皈依三寶始：皈依三寶乃入佛之門，入門後然後方可承受佛之家業。三寶者：佛、法、僧。佛，即此方之釋迦牟尼佛。法，即一切經典及修行法則。僧，即依佛法而出家之人。根性利者，更可皈依十方三寶。

皈依分四類：

一、皈依之動機。

二、堪可皈依之境。

三、應如何皈依。

四、皈依後應如何守規戒。

一、皈依之動機
- 念生死苦及惡道苦——死時親友父母錢財，不能帶去，此種種惡業現前，唯有三寶方可消地獄、鬼道、畜生——寒熱饑渴，宰割燒煮等苦。
- 深信三寶能救苦——佛之無量功德，皆從依法修行而生；僧乃出家之弟子，即當來之佛，能傳承佛法，教化於人故。深信三寶有無量功德。

二、堪可皈依之境
- 自己依法修行慈悲，則此心俯仰無愧無怖。
- 自己既成好人，則他人見之，不生怖畏，親近依附。

三、應如何皈依
- 知佛功德。
- 發深誓願。
- 不信其他皈依處。

四、皈依後應如何守規戒
- 止
  - 皈依後再不皈依其他外道。
  - 不損害眾生。
  - 不謗佛法僧。
- 作
  - 至心禮佛——不要執定佛像是紙的、木的，但責我自己業重，故不見佛。隨時智者大師證法華三昧時，親見靈山法會儼然未散！
  - 誠心聽法——聽法心不虔誠，則不能悟入信解。
  - 見僧恭敬——僧是代佛揚化的，佛出家亦僧相，故當恭敬。
  - 依教奉行——知而不行，徒勞無益。

既皈依佛門矣，壯志欲階佛地，必須發四大誓願：

一、眾生無邊誓願度；

二、煩惱無盡誓願斷；

三、法門無量誓願學；

四、佛道無上誓願成。

四宏願發起以後，則進之以身心財法四種之布施（無錢者，身心法三者可以辦到）；精持戒律；遇事忍辱；發大勇猛；一心前進，誓不退轉，定如須彌；自然一旦大智現前，不愁不能成佛。茲作一次第表如下：

- 皈依佛
  - 福德
  - 智慧
  - → 兩足尊
    - 皈依三寶
      - 佛寶
      - 法寶
      - 僧寶
    - 廣行六度
      - 布施
      - 持戒
      - 忍辱
      - 精進
      - 禪定
      - 智慧
      - → 度者，度脫生死也。用此六度法，能度自己及度他人出生死至佛果。
    - 勤行四攝
      - 布施
      - 愛語
      - 同事
      - 利樂
      - → 用此四法方便攝化一切眾生。

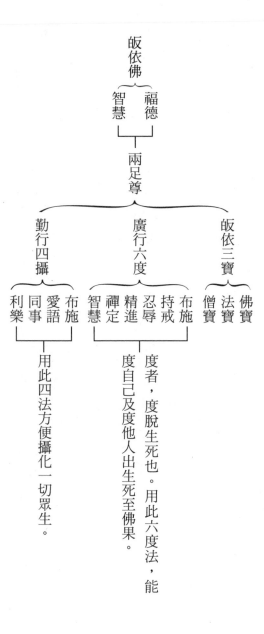

《正信週刊》第九卷第四十四期，一九三七年五月十七日《菩提心影：人生篇》收錄於《慈航法師全集（下）》慈航法師永久紀念會編輯出版一九四七年四月

怎樣能夠達到「無我」的目的

在民國四十年的秋天。有幾位居士來汐止，在我講經的休息時間，提出怎樣能夠達到「無我」這個問題，我即席解答如下：

問：「無我」這兩字，是學佛的根本問題；但不知怎樣能達到「無我」的簡速而具特效的方法？

答：這個問題在「無」字和「執」字上。要做到「無我」必需要明瞭「我執」之不對，假使明瞭「我執」之無意義，自然就可以「無我」了。「執」是執著：是誤認為有的意思。譬如說：在黑夜裡行路，偶見道旁的草繩，忙亂的人一定認為是蛇，執著是蛇，待用光亮照它才知道原來是草繩，我執也是這樣的，常人以為有我，所以執著是我，一切為我打算；而聖者（有大智慧的人）明瞭「我」根本不存在，所以不會去執著。為什麼「我」根本不存在呢？因為足以代表「我」存在的不外下列各要素：

一、**常**：既然是「我」，就應有我這本質，而且也是永遠的，不能說今天有，明天沒有；

或今天是我，明天不是我。但是人生七十古來稀，有幾人能超過百歲？就算超過了百歲，還能夠活到千萬年嗎？絕不能！區區幾十年中是我，過幾十年又不是我，那何異於今日是我，明日不是我呢！既然沒有常久的固定性，「我」就失去其意義了。

二、一：「我」必須是完整不分的。但試問眼是不是我？手足是不是我？頭髮是不是我？骨骼、血液，甚至肺中的空氣是不是我？若答應是我，則何多之甚？到底誰作代表？如果將它們分離之後，試問：還剩下了什麼？所以佛學上說：我是四大五蘊和合而成的。既是和合而成，就失去了完整性和單一性，因而失去「我」的意義了。

三、遍：我們平常認為的我，是沒有周遍性的。這裡有我，那裡沒有我，一處有我，處處沒有我。我的範圍那麼狹，我的價值在那裡呢？

四、主：「我」應當有主使和宰判之權，但是事實上往往不如此。我要長生不老，而偏偏只能活幾十年；我要在這短短幾十年的光陰中，過得快樂舒適點，而偏偏每天都遭遇著使人不痛快的事；我要富有天下，而偏偏只是個窮漢；我要……偏偏只是……。最後我的主權及宰判之權究竟有多大，甚或有沒有都成了問題。

從上面四點來破解一般人的「我」，只是沒有長久性的，沒有固定性的，沒有周遍性的，沒有自主權的混合物而已。這樣的我能算存在嗎？它和其他的眾生又有何區別？它不過是眾有情大海中的一滴水，和其餘的水滴並無差別。所以佛說，一般人認為有我是錯誤，是執著，所以佛說，有情不應當有我執，應當「無我」。

上來說明了無我的原因。現在再回到居士們所問的達到無我的方法上來。假設有人生了一年半載的大病，請醫治療，要求用一劑藥在短時間內完全治癒，這樣的醫生，這樣的醫療法，走遍天下大概不至於有吧！「我執」是一種病，這病在我們身內已經有幾十年之久，甚至無始以來，要很快達到痊癒的地步——無我——那裡是一朝一夕所能辦到的呢？再者，成就「無我」是佛教裡極高的果位，是羅漢的果位。這羅漢果位至少要和世俗上的專家博士相似，初學的人好似在幼稚園裡必須按部就班小學中學大學……才能達到博士的地位，縱有少數特殊根基的也不是一步登天般所能成功的。達到了「無我」就無啻於無可再學。所謂「無學」，這是我們學額的目標之一。各位不畏難不退轉終有成功之一天。雖然，各人根性不同所採用的方法也不能盡同，所以有八萬四千法門可達到「無我」。這短短時間內不可能介紹完的，姑且舉出兩個最通用的方法解說其如何診治這「我執」的病以達到「無我」。

其一為「念佛法門」——一般最常掛念的是錢財、名位、享受、讚譽、親屬友朋等，最痛惡的是疾病、離散、受辱、受苦、事業的失敗、財物的損失，以及種重不如意的事情。大部分的時間，除了食睡以外，都被與「我」有密切關連的種種事物所侵占。但是這種種事物與我的關係都待想念而後生起。例如在熟睡時有人罵我，侮辱我，我無從得知，無從想念，自然就與我無關連。因之如果不加想念，則凡事不論善與惡對「我」都沒有關係。破除我見甚難，如果破除「想念」，就比較簡單。就是說，如果將正念代替了邪念，正思維代替了邪思維，自然就無從去想「我」了。念佛法門是基於此種原理去破除「我」念的。我念約分為三種，用念佛的方法可以將它一一除盡：

一、雜念：早晨一起，到睡眠為止，五花八門的亂想，都是在聲色名利上用工夫。這念沒完，那念又起，永遠沒有休歇，頭昏腦脹，欲罷不能。如果一心念佛，任何念起，立即念「南無阿彌陀佛！」心生誠敬，久之，雜念自然不起。

二、染念：人性最易感染的。人家說：我聽；人家做，我想。處處受人家影響，思念也隨處更改，隨人而易。如果一心念佛，假設人家告訴我：某某人高陞了？立即念「南無阿彌陀佛！」人家說：某某人發財了！立即念「南無阿彌陀佛！」人家說：我的修養有進步了！立即念「南無阿彌陀佛」！隨人家如何的說，如何的變，我還是「南無阿彌陀佛」！

三、有念：一般的人由早到晚是有念的。一心念佛以後，除了正當事以外，完全在「南無阿彌陀佛」中過去，在世俗諦上說，「南無阿彌陀佛」只算無念：所以就達到了以無念代替有念了。

於是乎以政念對治雜念，念佛是正念；以淨念對治染念，念佛是淨念；以無念對治有念，念佛是無念；久之，工夫成熟，在任何環境中，任何情形下，不應起思念的絕不起念。不起念，何來有「我」？不就達到「無我」的境地了嗎？

其二為「勤修六度法門」——另有一種達到無我的方法就是六度——布施，持戒，忍辱，精進，禪定，智慧。——就是以六種方法來破除六層「無我」的障礙——慳貪，放逸，瞋怒，懈怠，散亂，愚癡——。這六層障礙依次一層比一層難除，等到六層都去盡了，自然就沒有執著，沒有執著也就「無我」了。

一、布施：用布施除貪悋。一般人拿出五塊十塊錢布施僧廟還容易，假使拿月入的半數甚或全部財產的半數施給窮苦的人，就怕沒有多少人能辦到。所以佛說貪窮布施難。我們學佛的人，要時時思維觀照財物乃身外之物，此身都不能常久，要財物何用？久久修持練習布施，自然可以達到不為財物所累，不為產業擔心，無不可捨，無不可布施的地步。

二、持戒：用持戒來破除放逸，向外布施錢財容易（大的布施如生命等自作別論），守住自己的欲情，不流露，不發作，那就困難得多。因為持戒之後，往往與世俗習慣多相違反，所以出家的人較在家的更為不易。戒律是學佛者行為的準繩。原則是處處他人作想，一切妨害人的事都不作。初學佛的人也許因為歷年的習俗不易作到，但以之漸向正道修持前進，一定能達到「隨心所欲不踰矩」的程度，那時戒律對他也就無作用了。

三、忍辱：用忍辱來破除忿怒。前面說過持戒的人處處替人家著想，這也還可以做到，但是到了我不犯人，或我待人家不錯，而人家仍舊欺到我頭上來的時候，就未免忿怒難忍。只一忿怒，就有了可忿怒的事；有了所怒的人，及能忿怒的我；處處著相，於是乎作不到無我，影響了道行。所以忍辱更難做；雖是違反人情，世俗，習慣，卻是必須作到的。

以上這三步是對外的，以下卻要更進一步向內深入的除去「我」的方法：

四、精進：以精進除懈怠。我們都是幾十歲的人，在這幾十年中，天天有我，時時有我，這個「有我」的病也就跟著你幾十年了。若不精進求醫，勵行修持，無常一到，悔也來不及。每日勵進精行，有時還因業重習深，不能將病根滅除，何況苟且因循，一曝十寒呢！佛說：「……當念無常之火，燒諸世間，早求自度。……勿令一生空過。……」世尊悲憫吾人因循惡習，出此警言，提起吾人精進之心。我們既然聽到了佛法；知道了「有我」是妄，是病；就應當趕快醫治，勵求精進。

五、禪定：以禪定治散亂。我們日常的生活，時刻流轉變化；內心的心情，也就隨著變更，如演電影一樣。影上人喜，我們也喜；影上人憂，我們也憂；這就是生死輪轉的縮影。實則是我們的「妄心」要活動，要流轉，沒有自主的能力，沒有「定」工夫。禪定就是修習自主的能力，以期心情不為物，不為境所轉動。這種工夫與環境有關係，與歷生的業因有關係，與今生的業緣有關係，絕不是說了定能做，而做了定能成的，所以較前四種又難一步了。

六、智慧：以智慧破愚癡，並領導前五度。智慧之於前五度，如似群龍之首，又如人之眼；前五度無智慧，如盲人摸象，終不能得究竟。如能以智慧觀照，則能洞悉世事虛妄不實，萬物本性皆空，幻人作幻事，尚有何「執我」？破此一關，則達到真正無我之地步，堪稱藥到病除。這裡所講的智慧並不是指世俗「聰明」的智慧，而是指體證到的智慧，是出世無漏的智慧。不是任何人任何情形下可以容易求得的。必須先行前五度、一度一度的真實做到，再多閱經文，多聽善知識的誨諭，多思考佛的至理。因為出世的智慧，是必須先明徹有關出世法的知識！而後才能去體驗，去修證的。智慧這一度，是佛法的最高點，最精華處，看家的法寶；也只有這一步，才是外道所無有，所以能別於外道。

其次談談「法無我」。以前談到的是人無我，就是一般人所謂的無我。此外還有「法無我」，說明不但「我」沒有，「法」也是沒有的。法無我可分兩層說：較淺的是「萬法緣生」和「性空」；較深的是「究竟法無我」。今先談談「萬法緣生」和「性空」：

世上一切萬事萬物的生成，演變，推進，究竟是誰主動？是誰主宰？有人以為是一因的，就是只有一個因素造成的。例如說：上帝造的，另有人以為是無因的偶然而成，偶然而滅的。佛都不贊成此說，提倡相互影響，相互為因，所謂萬法因緣生。也就是說，世上任何事，任何物都與其他任何事物有關，其得失生滅也都有其影響。於是任何事物無異乎我的一部分，一切即我；我的任何舉動也影響其他，我即一切。既然一切即我，我即一切，萬事萬物將都是我，則「我」字的意義根本就沒有了。因「我」是有對待而言的，是對「非我」而言的；今既找不出「非我」，或與我無關之事物，則自然而然的「無我」了。舉個例說：一朵玫瑰花的成因需要花種、泥土、空氣、日光、水分、人工等等。單講人工（花匠）一項牽涉就可以遍世間。因為這個花匠必定有他的父母，而他的父母又各有父母，一代一代的推上去，這花匠將是無數人的結合物，缺少任何一人也不能成功。這花匠不是生下來就能種花的，是要經過他人的教、養、衛，才能完成種花的工作。這教、養、衛三方面的人，也各自有其父母，及教、養、衛者。因此，單講花匠這朵花的成因已經夠複雜了，何況還有其他等等的因素。所以說這花的生成不是一因，不是無因，而是彼此相互為因，緣生為而成的。其實，細細一想，世上的萬事萬物無一樣不是有如此複雜的因生成的呢！

再者：萬法既是緣生，相互影響，所以沒有自性，沒有不變的固定性，佛學上說是「性空」。性空者：並不是無性，而是無固定不變的體性。無牢不可破，永離生滅的體性。例如：人生之悲、樂、聚、散，如夢無恆；生命終有死亡之一日。其他任何事物，甚至於宇宙，亦都遵此「性空」，絕無例外。在這空軌之上，常、一、遍、主宰，一樣也沒有。法——萬事萬物，也就空而「無我」了。

最後談談「究竟法無我」：當求道的人，深明佛理，透透了世間不過是浮雲流水，性空不常，無所留戀，而修持佛理，求證涅槃，學菩薩，成佛。結果，斷除了煩惱，與世無爭，或證入涅槃，或行菩薩道，固是正道，正知正見。但設或因厭世俗，樂涅槃，而永住涅槃；或因悲憫世俗，有所執著，是皆執著涅槃，及菩薩之相，去道又遠了。甚至：真如，涅槃，都是法，若有執，即成法執。故《金剛經》云：「說我」……「即非」……「是名」。皆是不許著相的意思。不是世俗語言文字思想所能形容的。這樣的「法無我」卻不是初機所能領悟的。聽了也許要駭怪！甚至聲聞執著涅槃也都未破除「法執」呢。若能修而無修，證而無證，方能少分相應呢。

《菩提心影：法教篇》收錄於《慈航法師全集（下）》慈航法師永久紀念會編輯出版，一九四七年四月

深信因果是學佛的根本

我們要知道：一個國家裡面有這樣多的人，難免有良莠不齊！好人固然能夠自治，不好的人也不能任他們去作惡，擾亂治安；所以設立政治、法律、憲警等等，就是來防範歹人的一種方法。尤其是教育、文化、宗教等等，更是維持世道人心，潛移默化的勢力重而且大。佛教既是教育文化宗教之一，則對於維持世道人心，必有說焉。佛教的教理說法雖多，而勸人深信因果尤為首要。蓋上升與下墮，全以因果為樞紐。平常說：作善者生天堂，作惡者墮地獄，此猶簡言耳。其實佛說十法界，何一不是由因而致果？作佛因得佛果，菩薩因菩薩果，緣覺因緣覺果，聲聞因聲聞果，天因天果，人因人果，修羅因修羅果，旁生因旁生果，鬼因鬼果，地獄因地獄果。由造十類因，而得十類果。俗語說：種瓜得瓜，種豆得豆。絕不會種的是苦瓜因，而得的是甜瓜果，世間恐無此理？

然世人所見者唯二，人與畜生。上自諸佛菩薩，下及餓鬼地獄，其餘八種，皆云無有。甚至人能轉畜，畜能轉人，亦未能信。其所持的理由，則曰人的常識不見。殊不知人的常識，只能見人的常識，不能見佛的常識，猶方乎螞蟻之常識，不能見人之常識，亦猶之幼稚園不能大學生之科哲常識同，其理甚明。蓋除親見之外，猶可比知。例如我手中現持一西瓜，問爾有種子乎？必答曰有。有人種否？亦曰有。有處所否？亦曰有。有時間否？亦曰有。然再問：爾見此種子否？必答曰未見。汝見何人種否？必曰未見。何時種，何處種？必均曰不知，既都不知，為何答曰均有？則曰：以果推知有因也。既有手中現見之果，必斷定有因，有人，有時，有處，否則，此西瓜之果從何而有？何必一一皆見之方云有，推之亦可云有。例如余之父母，君之祖先，雖然未見，然不敢武斷曰無。

既以果可以知因，則知因定必生果。例如余現時手中持一瓜種，種於地下。今問爾：將來可能生瓜否？必答曰能。何以能？因一切瓜皆從種子生，則此種子亦必生瓜。前則以果知因，今則以因知果。蓋因果之事，由現見者；因果之理，由推知者。譬如先見火有煙，後時見煙必知有火。一切因果之法，悉皆如是。例如二人：一人說英語，則知前所學者是英語。今吾人若習英語，則將來必會說英語。一人說日語，則知前所學者是日語；今吾人若習日語，則將來必會說日語，絕無今之說英語者，前所學時是日語；今之學日語者，將來必會說英語。佛教因果之說，與科學定律，絲毫無差。蓋作善者降祥，作不善者降殃。積善之家，必有餘慶，積不善之家，必有餘殃。若以一世因果論之，或有不通之處！蓋賢者莫過於顏回，亦遭窮困而夭壽；惡者莫過於盜跖，反得富貴而高齡。不但古人為然，今人亦有之。每見昔時全家行善，今則家敗人亡！曩日滿門造惡，今則子孫滿堂，此又何說？可知佛教所說之因果理通三世，蓋遇緣有早遲，故報亦有先後。

一者現報，二者生報，三者後報。現報，即現生受報，如作惡者，現受法律處罰；作善者，現受眾人愛敬。生報，即來世受報。如今生作惡，來世墮落；今生為善，來世超昇。後報，即多生多劫之後才受報。所謂：善惡到頭終有報，只爭來早與來遲。如責債然：有今歲還者，有來年還者，有多時後還者。若要不還，除非不欠。蓋現報如種稻，今歲即收。生報如種麥，來年才割。後報如果樹，數年後才得果。是故顏回貧夭，焉知非昔日自種之因；今世稱賢，非但來生感得善報，即流芳百世，亦可見其因果之不謬。善者如斯，惡者又何嘗不然。即盜跖遺臭萬年，亦可證明因果之一斑。

故吾人學佛，對於因果之理，必須深信無疑！非但行為有標準，蓋舉心念動，善惡亦自能反省。佛教因果之理，不出十惡與十善，以及四聖之無漏行，分大小之別。

十惡者：殺生、偷盜、邪婬、妄言、綺語、兩舌、惡口、貪欲、瞋恚、愚癡。反之，不殺生、不偷盜……乃至不瞋恚、不愚癡，則名十善。今列一表，可知大概。

果

果	因	
地獄	造上品十惡者	有漏惡
餓鬼	造中品十惡者	
畜生	造下品十惡者	
修羅	作下品十善者	有漏善
人間	作中品十善者	
天上	作上品十善者	
聲聞	觀苦集滅道者	無漏善
緣覺	觀十二緣起者	
菩薩	修六度萬行者	
佛陀	證因圓果滿者	

因

聲聞——自覺之鈍根者——小乘
緣覺——自覺之利根者——中乘
菩薩——覺他之修因者——大乘
佛陀——三覺之圓滿者——一乘

觀此表，則知十果之有無，全以十因為判斷，毫無疑議！

《菩提心影：人生篇》收錄於《慈航法師全集（下）》慈航法師永久紀念會編輯出版一九四七年四月

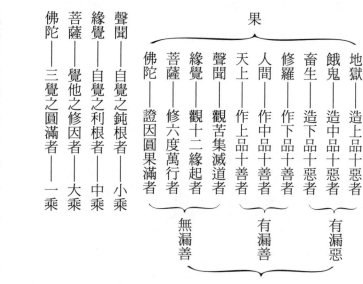

盂蘭盆和燄口施食

在佛教經典裡面，把宇宙萬有，一切的一切，總分為十法界：一、佛法界，二、菩薩法界，三、辟支迦那法界，四、聲聞法界，五、天法界，六、人法界，七、阿修羅法界，八、畜生法界，九、餓鬼法界，十、地獄法界。在這十法界中，前面四種，叫做四聖，就是聖人；後面六種，叫做六凡，就是凡夫。凡夫是有漏，是不淨，是要造業，所以常在六道裡裡，生死輪迴；而聖人是無漏，是清淨，是不造業，所以就不受生死輪迴了。在六凡裡面，又分為三善道和三惡道；三善道是：天、人、阿修羅，是約上中下三品善業來說的，比較樂多苦少。三惡道是：地獄、餓鬼、畜生，是約上中下三品惡業來說的，是苦多樂少，或者完全是受苦。四聖之中，又分為大乘和小乘，佛和菩薩屬於大乘，辟支和聲聞，是屬於小乘。小乘是自己了脫生死，以自利為主，是屬於自利；大乘是要普度眾生，以人為宗，是屬於利他。在大乘之中，功行沒有圓滿的，就叫做菩薩，是大乘的因位；功行已經圓滿的，就稱之為佛，是大乘的果位。在十法界中，又有正報和依報的分別。例如：人的身體就是正報——造何業得可報，是正得的果報。人身受用的衣食住的生活，就是依報——是人身所依託的果報。人有正報和依報，其餘的九法界也是一樣。一般不信佛的人，在這十種之中，只承認人和畜生是有，其餘的八種都是沒有，他們的理由，就是眼睛看不見。而眼睛看不見的理由，能不能夠成立都是沒有呢？如果能話，那你的祖先，以及中外各國古代的名人，如蘇格拉底、亞歷山大、堯、舜、禹、湯、文、武、周公、孔子……你都沒有看見過，也可以一概抹煞都是沒有嗎？這在我的拙作「為什麼知道有觀音菩薩」一書裡，已說得很詳細。好在這篇文章，不是來辯論這些有和無的問題，而是因為下面要說到兩個「餓鬼」的緣起，所以不得不先舉出十法界中有「餓鬼法界」來做根據，目的是在此。

盂蘭盆會的緣起

盂蘭盆會的緣起，是目犍連尊者。釋迦佛有一個弟子，名字叫做目犍連。他修行證到了聖果——阿羅漢果，有了神通，他看見生身的母親，墮落到餓鬼裡面去了！肚子很大，咽喉很細，得不到飲食，饑渴得很苦！因為母子天性的關係，目連自己親手捧了一缽飯，送去給他的母親吃，誰知他的母親剛把缽拿到手，從口裡吐出了一道煙，把飯統統都變了焦炭，母親大哭起來，目連也無法救濟，只好回去請佛幫忙！佛告訴目連：你底母親的罪業太大，不是你一個人的功行所能挽救的；要在七月十五「佛歡喜日」的那一天，辦許多飲食供養那些得道的人，仗眾僧功德的力量，方可以令你的母親，脫離這餓鬼的苦難。目連依照佛的教訓去做，果然，不但令他的母親一人脫離苦難，連所有同伴的餓鬼，都統統超脫了！試看：這供養眾僧的功德大不大呢？所以，以後信佛的弟子，要想超度自己的先亡，都照這個遺訓，在每年陰曆七月十五「佛歡喜日」的中午，請十方的僧伽，來受供養，薦拔亡靈，這是盂蘭盆會的緣起。是根據佛說的《盂蘭盆經》上說的。

燄口施食的緣起

在中國佛教界，流行的一本燄口儀軌上這樣講：佛有一個叔伯的堂兄弟，也跟佛出了家，名字叫做阿難。他雖然沒有證到四果，但已經證到了初果。有一晚他在深山裡打坐入定的時候，忽然來了一個鬼王，站在阿難面前：「身形醜惡，肢節如破車之聲；饑火交燃，咽喉似針鋒之細。」阿難看見了這樣一個怪異，問他是什麼名字，他告訴阿難：「我是鬼王，名字叫做『面然』。我特意來通知你一個消息：就是你在三日之內，一定會死，死了之後也要墮落到我們餓鬼群中，和我們一樣受苦，我因為你是一位很好的出家人，所以來告訴你，信不信那是由你自己。」這一下子，把阿難嚇壞了！好好的一個具足一十八種相好的人，現在要去做餓鬼，就是我們也不肯去受那種苦吧？於是他隨即便跑回去求佛慈悲來救濟他。佛就告訴阿難：「你要請一位有道行的聖僧，辦些水飯蔬果之類，請他念許多真言咒語，來加持這些水飯，去布施那些餓鬼，並且超度他們出苦，你就可以免墮餓鬼。」阿難當然照佛的說法去做，果然免了短命和做餓鬼的苦報。所以後來信佛的人，要超度亡靈，都請法師們放燄口，便是燄口施食的緣起。這是根據瑜伽燄口施食儀軌上說的，其實，密宗裡面的經咒，另外還有一部經的。

幾個名義上的解釋

目犍連：印度語，譯成中國的意思，叫做「采菽氏」。采，同採一樣；菽，就是菽米。氏，就是姓氏。因為他的祖先在山中修行，採山中野菽而充饑得道，所以後來以採菽為姓，是紀念的意思。其實他的名字，叫做尼拘栗陀，是無節樹的意思。他的父母晚年無子，禱此樹神而得子，所以以此為名。有的時候稱他摩訶目犍連，摩訶是大，就是大目連，因為目連是姓，是大家共有的，所以用一個「大」字來簡別，表示不是其他的人，在佛弟子中，他是「神通第一」。在中國所說的「目連救母」，就是指的他。然而，有許多人，以為站在地獄菩薩旁邊當侍者的那位年輕的和尚就是他，那是弄錯了，因為那一位是九華山閔公的兒子，後來出家叫做「道明大師」，那位白鬍老人就是閔公本人，這一點我們教徒要弄清楚，不要給人笑話！

阿難：也是印度語，譯成中國的意思叫做慶喜。因為佛是淨飯王的兒子，阿難是白飯王的兒子，他是佛三十歲成道那一天生的。外面來報告淨飯王他的兒子已經成了佛，裡面又報告內宮生了姪子，因為他要紀念雙喜，所以取名慶喜。他是佛弟子中「多聞第一」的，許多佛經都是他結集的，在中國大寺院正殿中，站在佛旁邊當侍者的那位年輕和尚就是他。老的是迦葉尊者，不過有許多人把他們供錯了位置，應當迦葉站在東邊，阿難站在西邊，方合欠禪宗第一代和第二代的傳承，這也是佛教徒應當知道的。

盂蘭：也是印語，譯成中國的意思，叫做「救倒懸」。試看一個人頭向下腳朝上倒掛起來，苦不苦呢？一個好好的人，要墮落去做餓鬼，那還不苦嗎？好像阿難一樣，所以要請教。佛告訴他施食，這就是一個救濟墮落的方法，所以叫做「救倒懸」。

瑜伽：也是印度語，譯成中國的意思，叫做「相應」，就是：手結印，口誦咒，意作觀，三業相應。又叫做三密相應，就是能觀的心，緣所觀的境，心境相符，一點都沒有錯亂，才可以叫做「瑜伽師」。

燄口：就是餓鬼的別名。因為餓鬼口中常吐火燄，在生有慳貪之惡業，死後受饑渴之苦報，腹中常出火燄，苦不苦呢?佛教的教理，都是說：「自種其因，自食其果」，非天賜，非人與，亦非無因，這種道理，最平等，最自由，是顛撲不破的說法。

盂蘭盆：盆，就是盆碟之類，大的叫做盆，小的叫做碟，切切不是面盆，更不是腳盆，把盆當作水桶，那更是大錯特錯！請佛及僧，當然要恭敬敬用「碗，碟，盆」來盛飯和水果之類，怎樣可以拿面盆，腳盆和水桶，真是豈有此理。

斛：四合為一升，水升為一斗，古以十斗為一斛，今以五斗為一斛，而印度的摩伽（國）斛，恐怕是二十一五斗為一斛（待考）。

誤會與更正

一、世人把盂蘭盆會當做超度孤魂，那是一錯！
二、把碗碟當作盆桶，這是二錯！
三、供養僧寶當作施鬼，那是三錯！
四、女人也放燄口，這是四錯！
五、放燄口時另外加上什麼散花唱八仙，及其他的花樣，是第五錯！
六、把佛事當做生意，那是大錯特錯！

要正更的話，若是做盂蘭盆會，在七月十五日以前，大眾齊集誦念《地藏經》或《盂蘭盆經》，能請法師每日講經那是更好！每日上供供佛及僧，到了十五日這一天，十方檀越，合集供養，請十方大德應供，普同供養，若有用物供養者，各從其類，尤宜潔淨，以紙袋包好，送法師們帶回。亦有佛前作一蓮華木盆，如寶塔然，三層五層或七層，每層供飯、菜、果、香、花等十供養之類，以取盂蘭盆之義，此亦無妨。總之誠敬為本，稱之為敬田。

至於十五日晚上施食超度孤魂，此亦無妨。蓋佛既說有十法界，那鬼趣是實有，不可效一班獅子蟲；設科學時代沒有鬼，那是叛佛教的言論，智者不取。施食是悲田。

我的話說到這裡為止，標題上所要說的也已經說完了！再說，就要談到「佛教改革」，那是很討人厭的，不如不說。今應《臺灣佛教月刊》之徵文，故聊為塞責而已。

《菩提心影：雜俎篇》收錄於《慈航法師全集（下）》慈航法師永久紀念會編輯出版，一九四七年四月

佛法與國法

諸位！前星期在此所講的，為佛教與民國，而今日的講題，是「佛法與國法」。二者是同是異？前係主義，今是方法。吾人如能將此兩題，略為對照一下，可知其中之梗概。茲將本題大意分述如下：

「法」之一字，據通俗人的見解，可略分為五：一、法即事，指一切事而言。二、法即物，指一切物而言。三、法即則，指一切法則而言。四、法即方，指一切方法而言。五、法即律，指一切法律而言。所謂一切事事物物之規則是也。若約佛法言之：一持義——能持自性；二軌義——軌生他解。所謂無論世出世間，一切事事物物，有為無為，凡能保守本體，令他了解者，皆可名為法。

國法云何？非限於國家之法律而論，乃包括全國之事務規則與方法之謂。善法律僅國法之一部分。今言國之內含，乃以人民為根，所謂國無民不立，民無國不存，二者有其不可分離的關係。國既以民為本，則維持人民之主要條件有三：一、經濟，二、政治，三、軍事；非經濟不能維持人民之衣食住行；非政治不能治理人民之衣食住行；非軍事不能保護人民之衣食住行。經濟、政治、軍事，三者乃國之大綱，民之要素，如鼎三足，缺一不可。然經濟之來源，乃出於農工商各業之轉徙貿易，故農工商業發達，則經濟充裕，國以強，民以富，是故改良農工商各業，實國家之要務。惟如何改良，則非待政治修明不為功。政治二字之意義，即為治理全國之事務。一國人民之好歹，事物之治亂，文化之優劣，全在執持政事者，能「除惡進善」為斷。主政善，則人民國事無不受其善；主政惡，則人民國事無不受其惡。此乃自然之理，據實之論，非異說欺人也。然欲政治修明，又非軍事相輔不為功，否則內擾外攘，難以制禦。所以經濟、政治、軍事，三者並重，不可缺一，此但約國法之表面而言。若約國法之根本而論，則全視乎教育，教育好，則經濟、政治、軍事莫不好。反之，視思國家經濟之破產，政治之窳敗，軍事之散亂，果何由而致也？或曰：各國之教育，不為不良？教育方法不為不善？曰：否！此約枝末之追求，而根本未能改善使然。

佛法的內容，一曰：人乘，二曰：天乘，三曰：聲聞乘，四曰：緣覺乘，五曰：佛乘。五乘又可判為二法：前二世間法，後三出世間法；後三又可分為二，聲聞緣覺為自度法，佛乃自度度他法。今人不知佛法內容，有五乘法，遂武斷佛法為消極，是厭世，殊不知「聲聞緣覺」，乃過渡之階段，非究竟之目的。至於大乘佛法，完全以利他為工作。菩薩發心，未成佛前，經三大阿僧祇劫，行菩薩道，六度萬行，何一非利益眾生，豈能謂之消極厭世？至於人乘之持五戒，天乘之修十善，此乃法律所應守，天理所應為，人倫所應遵，與儒家之所謂五常，「仁義禮智信」同。人群若離乎此，而背覺以逐迷，則國不成國，民不成民，自將不保，遑論其他。今人謗佛法者，截斷兩頭，不知佛教主持人道，守法主義，及大乘積極救世主義，便信口雌黃，謂佛教說空，說無我，說無常，遂武斷佛教為消極厭世，殊不知佛教說空、說無我、說無常之真意義，乃正積極救世根本之辦法。何以故？蓋世人果能知空，則不執實有，既不執實有，則不執私我，化私為公，豈有爭殺予奪之事。夫舉世之人，其原因在不覺悟世事無常，如幻如化，是以鈎心鬥角，於大好人間變為修羅之場，互相殺戮，倘使世人，依佛教人乘之正法，嚴持五戒——不亂殺、不亂取、不亂淫、不亂言、不亂飲食——國法不犯，自由自在，各守本分，各安本職，一國如是則國治，世界如是則天下平。若再加行十善，廣修十度——施、戒、忍、進、禪、慧、方便、願、力、智——則利人救國之功績，唯佛陀能言之，唯佛徒能倡之，倘使人人力行，豈唯天下之人民得安，則積極救世之能事亦畢，成佛作祖，決定可期。

綜上諸義觀之：國法者，乃治世之治也。佛法者，乃救世之法也。非國法難以治世，非佛法無以救世，國不治則不成國，國不救則同歸於盡，二者相倚不可相離明矣。故吾所謂「佛法與國法」，「與」之一字，正含有聯帶關係；吾人若加以判別，自當明瞭也。若能依聲聞之四諦（知苦、斷集、慕滅、修道），緣覺之十二因緣，了知無明為生老病死之源，則無明滅，生老病死亦滅，從此依四諦，推自及他，發四宏誓願。所謂：「眾生無邊誓無度，煩惱無盡誓願斷；法門無量誓願學，佛道無上誓願成」。廣修六度，勤行四攝（布施、愛語、利行、同事），則成佛度生，必能達到目的。

《菩提心影：釋疑篇》一九四五年馬來西亞星洲菩提學院與檳城菩提學院眾弟子發心敬印；收錄於《慈航法師全集（下）》慈航法師永久紀念會編輯出版，一九四七年四月

勸人為善是僧徒之職責

諸位！經中有句話「諸惡莫作，眾善奉行」，誰都會說。但如何是善？如何是惡？則不知其詳。故特提出「勸善改惡」來講。須要明白勸善改惡，是僧徒唯一的職業。此分二大段：一、勸善改惡。二、僧徒唯一的職業。講到勸善，假使對於善字的道理不了解，怎樣去行呢？惡字的意義不明白，怎樣去改呢？所以講到勸善改惡，須先明善惡兩字，今從兩方面來講：一、總講：提綱契領，二、別講：條詳分析。

今先講大綱，什麼是善？善者，自利利他之謂。什麼是惡？惡者，自害害他之謂。在俗語說，就是「好事壞事」。善惡之範圍，有大小之殊，而人們造作，亦不一律。在佛學名辭上，有四料簡。從善的方面說：一、自利：顧自己不顧他人。二、利他：完全為他人設想，不顧及自己的利害。三、自他俱利：如布施得福等。四、自他俱不利：如誣告人等。從惡的方面說：一、自害：如吸鴉片煙等。二、害他：如謀財害命等。三、自他俱害：如通匪賣國等。四、自他俱不害：如安分守己。總講竟。次別講：

善有十一，惡有二十六。善有十一者：一「信」，信仰真實的道德，對於事物，自己明了之後發生力量，無論如何，不能改變其信仰，如古樹盤根，雖遇狂風，亦拔他不動，有此力量，是為真信。反之，則叫做盲從附和了，因為自己未能明白徹底故。所謂信者，信有實體、德相、業用。無始無終，不生不滅，無去無來，非色非空，如如不變，是為實體，即普通人所謂性，亦可說為佛性、心性。德相者，德是功德、福德，在因為功，在果為德。有如是因，必有如是果。你們提倡善舉，為人們欽佩景仰，世尊德相亦然，為功則三大阿僧祇劫，捨身、心、生命，救拔苦惱眾生，故有三十二相，八十種好，推因溯果，頗值得吾人五體投地崇拜信仰的，正如今人崇拜中山先生，為其生前做了不少利益人群事業的緣故。業用者，如你做得好文章，令人看見，不禁悠然景仰，就此發生到力用，是由德相而發生業用。以上就是正信。二「精進」，精者不雜，進者不退。設有信仰而不力行，或參雜功行，皆非「精進」。須要信仰純一，復精進不退，則成可待。但要建立在善字上，方可名為「精進」。換言之，就是斷惡修善要「精進」。三「慚」，慚是慚自己，所謂尊重自己的人格，如我這樣的人豈能作惡？四「愧」，愧是要怕他人論其長短，所謂十目所視，十手所指，似有旁人，來監督自己。五「無貪」，須貪與不取之義不同，如以心或力換來之物，你不受，則與無貪不同。何以故？因以力或心得來的代價，若不取則不能生活。所以取必要合理，能合理就不妨取，取之亦不算貪，與無厭足之貪相反。六「無瞋」，瞋是瞋恚，即是內懷怨怒，與恨字有聯帶關係。七「無癡」，癡者，你和他說因果，他不相信，他說沒有因果。還有一種對於一切事物，不曾徹底明，而生執著，若以理開解，仍執著不捨。若和他說宇宙萬有是假的，他不信是假，卻以為實。這些都是邪見眾生，「無癡」則不然。八「輕安」，輕者非重，安者不苦，「輕安」是對不輕安說的。何為不輕安？如人生活環境都舒適，內心卻異常煩悶，鬱鬱不樂，內心必有所寄，偏重某一事物，故不輕安，而輕安則反之。九「不放逸」，放是放蕩，逸為奔逸，不但你們居家之士，不容易做到，即出家之人，亦是少有做到的。然則如何方可做到「不放逸」之地步？必要做到「無貪」、「無瞋」、「無癡」，方何故到。十「行捨」，捨者棄去，行者功用，行捨二字，合成一個名詞，而人多不明其意義，其實亦不難明白，行時功行，如你們今日做了一件好事，心中會發生一種好觀念，以為自己種了善根，做了一點功德，雖是善因，但其果不大。然則行善要怎樣？要無我相，無人相，無眾生相，無壽者相，三輪體空，不見有能施之我，所施之物，及接受之人，是為行捨。反之，則行而不捨，是將果報縮小，凡做事要存個「應當做」的觀念，不問有沒有功德，只要利益於人。十一「不害」，不害是不損害於人。《瑜伽師地論》，六百六十法中，也有講「善」，然如何是善？正如今日所舉之十一種，先要起正信，努力為善，慚自己，愧他人，除去貪污的念頭，丟開懷恨的心事，不要事事執著，凡事要看開些，則心自瀟灑，凡做一切善事，不可認為有功，要觀一切眾生皆是我的眷屬，不可損害，要自己約束自己，向善的路上走！

次明改惡，惡有二種：一根本惡，二枝末惡。根本惡即是根本煩惱，有六種：一「貪」、二「瞋」、三「癡」，貪、瞋、癡，是與「無貪」、「無瞋」、「無癡」相反的。「慢」有七種：一「慢」，他人不及我，我看他不起。二「過慢」，他的學識同我一樣，偏要說我勝過他。三「慢過慢」，他比我強，偏說他不如我。四「俾劣慢」，此種人以為：你有學問，也是個人，我沒有學問，亦是個人，大家都是一樣，我怎麼有不如你呢？一切惡由慢而來，若見其人恭敬謙和，我就要學他，否則便成自在天的眷屬了。還有我慢、邪慢、增上慢等。

第五「疑」，疑與信相反。有天堂嗎？有西方嗎？是有呢？還是無呢？俗說：「狐疑」，所謂狐性多疑，就是此意。學佛之人，無決定心，就不能希望成功的。六「不正見」，不正見有五種：（一）身見：執此身為實有。（二）邊見：執常或執斷，常者謂人則世世做人，馬則世世做馬；執斷者，則謂人死如燈滅，故作善無益，作惡無罪，一死就了，死了是沒有什麼存在的。上來或常或執斷，皆落二邊，故曰「邊見」。（三）邪見：撥無因果。（四）戒禁取：此等是外道戒，他見牛升天，以為牛是食草，故能升天，故亦效牛食草，妄想升天，此為非因計因。蓋食草不是升天的因，卻認為升天的因。（五）見取：有一種外道修無想定，糊裡糊塗，以為得阿羅漢之「涅槃果」，及至報畢命盡，散心復起，還受生死，遂起謗佛，以為佛說涅槃、無生、無漏等，都是騙人的話，不怨自己修錯了因，遂墮地獄，這類真是可憐？這是非果計果，以無想天的有漏果，計作阿羅漢的無漏果，豈不糟糕？根本惡已講了。茲因時間問題，枝末惡不再講，你們亦可曉得。今日題目，所謂勸善，就是勵人行上面的十一種善；改惡，就是勸人改這數種惡。勸善改惡，要常常履行。為僧徒者，應當時時刻刻念著「勸善改惡是僧徒唯一的職業」。若勸得一人信佛、行善、改惡，則家庭、社會、國家，和平安樂了。今再叮嚀一句，記著「勸善改惡是佛教徒應有的責任」啊！

《菩提心影：釋疑篇》一九四五年馬來西亞星洲菩提學院與檳城菩提學院眾弟子發心敬印；收錄於《慈航法師全集（下）》

慈航法師永久紀念會編輯出版，一九四七年四月

大乘佛法救世

前次本會（迎光佛學會）開一週年紀念大會日，本人想把這個題目提出來解釋一下，後因時間關係未講，現在把它分析一下，以便不明白佛法真義者，得一個認識。解釋此題，先由下而上，次由上而下，是往還的連環式，請讀者注意！

一、世義

什麼好救世？在佛學上，說它有兩種意義：一、「世」是遷流義，因為世有三世，所謂過去、現在、未來，過去猶有過去，由過去遷流至現在，現在猶有現在，由現在遷流至未來，未來猶有未來，其實這「過去現在未來」是對待的名詞，推之，過去實無始；退之，未來無亦終；不過是一個成住壞空，空成住壞，四相遷流的變相而已。二、「世」是相續義。假若世相遷流而不相續，則必成斷滅。「世」之意義，已不成矣。由此世之遷流、相續二義，由遷流，故「無常」；牌相續，故「苦」。因世有「無常及苦」，故發生救義。

二、救義

云何為救？其義有二：一、拯救義，蓋世有無常及苦，則必須拯救提拔，如人之墮污泥中，必假方法拔出之；二、濟渡義，世間既是無常及苦，必假方法濟渡之。如人之墮落深淵，必假船筏而渡之。由此拯拔救渡二義，故稱為「救」。

三、救世義

世云何救？其義亦二：一、與樂義，二、拔苦義。云何其樂？蓋有「器」之世間，必有「情」之世間，即眾生是也。一切眾生墮在此遷流、相續、無常、變壞之中，其苦不堪！事實俱在，毋容多贅，凡有心救世者，必思與其樂。然與樂，必先拔其苦，故進言拔苦。苦云何拔？則先設「法」而超出此世間是也。其法云何？

四、法義

云何為法？其義云何？「法」者，即宇宙間一切事事物物是也。在佛學上稱他為「法」，總括「世」「出世」間一切之統稱代名詞是也。其義有二：一、持性義，二、軌解義。云何持性？凡稱一法，無論有為、無為、名言、種類、自相、差別，皆能任持自性；佛典中所謂：「能持自性」是也。云何軌解？軌是軌範；解是了解，蓋一切法既有自性，則能令物生解，所謂由法之有自體，能令人明瞭若何；在佛典所謂：「軌生他解」是也。法義既明，請進言佛。

五、佛義

佛義云何？約言有二：一、三覺義。何為三覺？所謂：自覺、覺他、覺行圓滿者，故稱之謂佛。佛能自己覺悟宇宙人生虛實之相，又能說出自己所覺悟者，開示與眾生，令一切眾生同臻此覺而後已，故云覺他。所謂覺行圓滿者，乃是佛之自覺及覺他之功行圓滿是也。二、二滿義，「滿」是滿足，所謂佛是福足、慧足；「福慧圓滿」之總稱是也。經云：三覺圓，萬德具，故稱為佛。

六、佛法義

佛義既明，則佛所說之法，其義云何？佛法無邊，總括分二：一、勝諦義，二、俗諦義。云何勝諦？（又云勝義諦）勝義諦者，不可言說者也。佛經所謂不可思議，唯有修行者，親證其境界；若假言詮，則可云「真空」是也。既稱真空，則有何說？故云不可說。雖不可說，然佛不說斷滅法，故有俗諦。俗諦云何？（又云世俗諦）乃世間一切之方便言說是也。若依勝諦，則一法不立；若依俗諦，則萬法全彰；一法不立，故稱真空；萬法全彰，故曰假有；空非斷空，即色是空；有非真有，依空顯有；非空非有，非斷非常，故稱中道佛法。佛說假有，則破撥無因果之邪見；佛說真空，則除一切凡夫之迷情；雖說真空，則俗諦之「善惡因果」，一一建立；雖說假有，則勝諦門中「一法」亦不可得；雙遮雙照，其佛法價值，豈世間一切學說，可同日而語耶？夢乎哉！

七、佛法救世義

佛法既明，云何救世？其義有二：一、勸善義，二、改惡義。世間之苦，從何而有？必從眾生自作而有，非天賜，非地成，非人與，亦年無因，皆由眾生別造共造之所致；別造稱之別業，共造稱之共業。別業之別報，故約根生而言。共業之共報，故約器界而言。故吾人共居之地球，乃共業共報之處所；知乎此別業別報、共業共報之至理，則知天堂地獄雖有，亦不過是眾生共業共報之境不同也，何足稱奇！則佛說之西方淨土，亦不過是五人淨業之所成，同業之所感者也。

佛法救世之苦，無非開示一切眾生，「改惡從善」四字而已矣。而超出此無常及苦之世間而已矣。佛法如是，救世如是。

八、乘義

云何為乘？其義有二：一、盛載義，二、運轉義。乘如「車乘」，具「盛載運輔」之功，其義易知，姑從其略。

九、大義

大義云何？亦分為二：包羅義，二、周遍義；包羅則無時間性，周遍則無空間性、超出時空二間，大之一義，已足顯明，非先小後大之普通名詞也。

十、大乘義

大乘之義，離釋則通乎世間，合釋則專就佛法，其義云何？析之為二：一、豎窮義，二、橫遍義。豎窮則通乎三世，橫遍則通乎十方，十方三世一切眾生，凡修一毫一末一沙一滴之善行，皆歸納於大乘之中，絕非平日誤會者，所謂離開人天之善法，及聲聞辟支之道果，而別有大乘者之可比。若對小言大，此乘已不足稱大，蓋不能盛載運轉一切眾生，皆至無上佛果之涅槃彼岸耳。若能普收人天二乘之一切功德，統歸佛海，同登覺岸，方足稱為「大乘」。

十一、大乘佛法義

大乘雖明，則大乘之佛法，其義云何？大乘佛法，其說雖多，總括綱要，要出其二：一曰緣起，二曰唯識。何為緣起？佛所說法，乃親證其境界，實事如是，非莊生之寓言可比，亦非他教所謂有一創造及主宰者；乃說明一切萬有事事物物，無論自然界，人為界，都不過是眾緣假合而顯現，實無個體之可言；自現象而言，彷佛似有，論實在而言，其性本空；「眾緣性空」之真義，乃大乘佛法最高之結論。吾人有心研究佛法者，對此不可不知。云何唯識？所謂宇宙萬有一切事事物物，無有實境，不過吾人心識中所現之幻影耳。迷情凡夫不知，如山河大地，水陸空行，色聲香味，根身器界，悲歡離合，得失窮通，事事實有，誠如夢中所見之境，所作之事，正在夢中；誰人相信是幻境？唯醒中人則曰虛無。一切眾生，大夢長夜，無明未醒，誰信是幻？唯佛一人，是大覺之人，復呼一切無明長夜之眾生，速起覺悟，故方便言說；外境實無，皆是眾生業識之所變現，眾生若果悟明外境是幻，則識之一字，亦不可得，況言「唯」耶？佛說「唯識」，其旨趣云何？蓋凡夫執有，外道執空。執有，則迷情六欲，故常受輪迴；執空，則撥無因果，故永墮三途；二皆是病，佛法中真空之義未明，不墮常見，必落斷見。斷常二見，乃外道之深病，學佛法者，對此不知，則必至起增益、損減二謗。所謂「附佛法」之外道是也。佛建唯識深義，遣此空有之病，乃非空非有之中道佛法是也。

綜上緣起唯識二義，代表大乘佛法之教理，其旨趣云何？蓋緣起故性空，唯識故無我，根據此性空無我之教義，方足云「救世」。

十二、大乘佛法救世

大乘佛法救世，其義云何？則直答之曰：和合義，互助義。何以故？蓋前云大乘佛法，是說明緣起，既稱緣起，則其性本空，方能和合，前大乘佛法所說明唯識；既稱唯識，則本無實我，方能互助。

舉世之人，所以不能和合，不能互助者，皆未明大乘佛法中之緣起，唯識之真義，故舉世滔滔，各是其是，各非其非，皆未能了達「性空無我」二義之咎故！伏望諸君：對於佛法，已信者，固不必論；若未信者，對此大乘佛法之教義，猶目佛教是厭世、是消極、是腐化，則真無法可救矣！悲夫！

茲建立一比量，以當結論：

宗——大乘佛法是救世主義

因——積極宣揚和合互助故

喻——同喻如大同主義異喻私我主義

《菩提心影：釋疑篇》一九四五年馬來西亞星洲菩提學院與檳城菩提學院眾弟子發心敬印；收錄於《慈航法師全集（下）》慈航法師永久紀念會編輯出版，一九四七年四月

FOR2 58
現代佛法十人—— 十
臺灣佛教的先驅　慈航

系列主編　洪啟嵩、黃啟霖
責任編輯　Y.T.CHEN、Y.A. HUANG
校對　呂佳真、翁淑靜、吳瑞淑、郭盈秀
美術設計　林育鋒
內文排版　何萍萍、薛美惠、許慈力

出版　英屬蓋曼群島商網路與書股份有限公司台灣分公司
發行　大塊文化出版股份有限公司
台北市 105022 南京東路四段 25 號 11 樓
www.locuspublishing.com
TEL: (02)8712-3898　FAX: (02)8712-3897
讀者服務專線：0800-006689
郵撥帳號：18955675　戶名：大塊文化出版股份有限公司
法律顧問　董安丹律師、顧慕堯律師

總經銷　大和書報圖書股份有限公司
地址：新北市 24890 新莊區五工五路 2 號
TEL: (02)8990-2588　FAX: (02)2290-1658
製版　瑞豐實業股份有限公司

ISBN：978-626-95044-7-3
初版一刷：2021 年 11 月
定價：新台幣 380 元

臺灣佛教的先驅 慈航 / 洪啟嵩, 黃啟霖主編. -- 初版. -- 臺北市 : 英屬蓋曼群島商網路與書股份有限公司臺灣分公司出版 : 大塊文化出版股份有限公司發行, 2021.11
面；　公分. -- (For2 ; 58)(現代佛法十人)
ISBN 978-626-95044-7-3(平裝)
1. 釋慈航 2. 學術思想 3. 佛教
220.9207　　110014046